LISA CASALI

KOCHEN IN DER SPÜLMASCHINE

Sparsam, nachhaltig und voller Geschmack

Parragon
Bath • New York • Singapore • Hong Kong • Cologne • Delhi
Melbourne • Amsterdam • Johannesburg • Shenzhen

Für Alessandro und Covadonga,
die mich zu diesem Projekt
inspiriert haben.

KOCHEN IN DER SPÜLMASCHINE

Sparsam, nachhaltig und voller Geschmack

Rezepte und Text: Lisa Casali
Lektorat: Daniela Guaiti
Fotografie: Claudia Castaldi
Food-Styling: Roberta Deiana
Layout und Umschlagentwurf: Leftloft

Copyright für die Originalausgabe © Edizioni GRIBAUDO srl
Via Natale Battaglia, 12 – 20127 Milano

Alle Rechte vorbehalten.

Redazione Edizioni Gribaudo
Via Garofoli, 262 – San Giovanni Lupatoto (VR)
Tel. 045 6152479 – Fax 045 6152440
redazione@gribaudo.it

Verantwortlicher Lektor: Franco Busti
Verantwortliche Redakteurin: Laura Rapelli
Redaktion: Sara Sorio
Art-Direction: Meri Salvadori
Herstellung: Federico Cavallon, Fabio Compri
Redaktionssekretariat: Daniela Albertini

Copyright für die deutsche Ausgabe © Parragon Books Ltd
Chartist House
15–17 Trim Street
Bath BA1 1HA, U.K.

Alle Rechte vorbehalten. Die vollständige oder auszugsweise Speicherung, Vervielfältigung oder Übertragung des Werkes, ob elektronisch, mechanisch, durch Fotokopie oder Aufzeichnung, ist ohne vorherige Genehmigung des Rechteinhabers urheberrechtlich untersagt.

Realisation der deutschen Ausgabe: trans texas publishing, Köln
Übersetzung: Aggi Becker, Köln
Lektorat: Sebnem Yavuz, Erpel

ISBN 978-1-4723-0394-3
Printed in China

IN DEN REZEPTEN VERWENDETE SYMBOLE
(s. S. 39)

BEHÄLTER

Für das Kochen in der Spülmaschine verwendeter Behälter Glas mit Deckel oder kochfester Vakuumbeutel.

AUFBEWAHRUNG

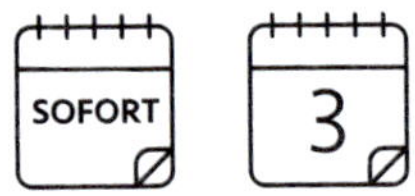

Zeitraum, in dem die in der Spülmaschine gegarten Lebensmittel zum Verzehr geeignet sind.

Die Rezeptzutaten sind für 4 Personen berechnet. Für einige der in diesem Buch vorgeschlagenen Rezepte werden eine Vakuumiermaschine und kochfeste Vakuumbeutel benötigt.

INHALT

RISO
Ecoaroma
Baccelli di fava
Foglie di finocchio
Scarto centrifugato

DIE IDEE

LISA CASALI

Benutzen Sie üblicherweise die Spülmaschine, um schmutziges Geschirr abzuwaschen? Dann sollten Sie unbedingt ausprobieren, sie auch fürs Kochen zu nutzen. Wie merkwürdig diese Vorstellung zunächst sein mag, seien Sie mutig und überwinden Sie Ihre anfänglichen Bedenken, denn diese neue Kochtechnik ist einfach, bietet viele Vorteile und spart Zeit. Nichts spricht gegen sie. Die bisher durchgeführten Analysen an verschiedenen im Geschirrspüler gegarten Gerichten bestätigen, dass diese Technik lebensmittelsicher ist. Und umweltschonend, denn während Ihre Teller gespült werden, können Sie die Wärme nutzen und, ohne zusätzlich Energie oder Wasser zu verbrauchen, für Sie kochen lassen. Auch ist das Resultat oftmals sogar besser als bei traditionellen Garmethoden. Haben Sie schon mal Niedrigtemperatur-Garmethoden ausprobiert, die zarteste Fleischstücke und schmackhafte Gerichte voller Aroma bescheren und oft von großen Köchen angewendet werden? Wenn Sie diese schon einmal ausprobiert haben, wissen Sie, wie schwierig es sein kann, diese Resultate zu Hause ohne professionelle Utensilien zu erzielen. Es gibt z. B. zwei Möglichkeiten, ein Ei bei 60–65 °C zu kochen: Sie legen es in einen Topf mit Wasser und überwachen die Temperatur sorgfältig für mindestens eine Stunde, oder aber Sie legen das Ei in ein geschlossenes Glas und geben dies in die Spülmaschine zum nächsten Waschgang. In meinem Blog Ecocucina verfolge ich seit einigen Jahren das Vorhaben, so umweltschonend wie möglich zu kochen. Auf der Suche nach einer Alternative, durch die auch der Stromverbrauch des Herds reduziert werden kann, habe ich diese neue Gartechnik entwickelt. Angeregt dazu wurde ich durch eine spanische Freundin, die eines Tages auf die Idee kam, ein Abendessen für ihre Freunde in der Spülmaschine zuzubereiten, da ihre Küchenausstattung nicht dazu geeignet war, um für viele Personen zu kochen. Was lag näher, als diese Idee zu erweitern und den Abwasch mit dem Kochen zu verbinden? Ich habe das gleich ausprobiert und meinen Lesern von meinen Experimenten berichtet. Ich glaube, dass dies die umweltschonendste Gartechnik ist. Da sie zusammen mit dem Spülvorgang zum Einsatz kommt, werden weder zusätzliche Energie benötigt noch Wasser verbraucht. So wird die Kapazität eines Haushaltsgeräts optimal ausgelastet. Es bleibt lediglich die Umweltbelastung durch die Zutaten selbst und eventuelle Abfälle, die ich auf ein Minimum zu reduzieren versuche. Ich bemühe mich auch, die Zutaten so auszuwählen, dass die Umweltbilanz optimal ist.

In diesem Buch finden Sie praktische Ratschläge und Rezepte, mit denen sich ganze Menüs in der Spülmaschine zubereiten lassen. In den Menüs werden Sie Rezepte finden, die sowohl den besten Teil des Lebensmittels verwenden als auch den, den wir normalerweise wegwerfen würden, wie z. B. Spargelenden, äußere Artischockenblätter und Bohnenhülsen.

Es gibt noch einen anderen Grund, weshalb Sie diese Rezepte ausprobieren sollten. Stellen Sie sich vor, Sie erwarten Gäste zum Abendessen, sind aber müde. Sie bereiten eines der Menüs aus diesem Buch vor und stellen die Spülmaschine an, um zu kochen, während Teller und Töpfe abgewaschen werden. Nun bleiben Ihnen zwei Stunden ganz für Sie allein, während das Abendessen gart, ohne Hitze oder Gerüche zu produzieren. Nichts brennt an, Sie müssen lediglich das Ende des Spülgangs abwarten. Ist das nicht traumhaft?

WAS ANDERE DAVON HALTEN

FRANCESCA BARBERINI

→ Bloggerin, Autorin und Moderatorin bei Gambero Rosso Channel

Ich habe Lisa kennengelernt, als noch keiner an dieses Thema dachte. Wir kümmerten uns beide beruflich um Umweltwirtschaft, aber noch nicht um das Kochen, obwohl wir leidenschaftlich gern kochten. Es überrascht mich nicht, dass ihre Begeisterung für kulinarische Genüsse und ihre Kompetenz in Umweltthemen sie zu diesem Buch über das Kochen in der Spülmaschine geführt haben.

Ach, der Geschirrspüler! Ich könnte ohne dieses Gerät nicht leben: Es erledigt nicht nur die undankbare Aufgabe, Teller, Gläser, Töpfe und alles, was wir in der Familie sonst noch so zur Zubereitung der Mahlzeiten benutzen, zu säubern, sondern hilft uns auch, die Küche aufgeräumt zu halten. Ich war wirklich begeistert zu entdecken, dass es mir auch helfen kann, Mittag- und Abendessen zuzubereiten. Für eine arbeitende Mutter wie mich ist Zeit ein wertvolles Gut. Die Vorstellung, Essen in luftdichten Glasbehältern oder Beuteln während eines normalen Waschgangs in der Spülmaschine zuzubereiten, ist wahrlich eine große Sache! So kann ich währenddessen mit meinem Sohn spielen, schwimmen gehen, ein Buch lesen ... Man braucht auch kein Profikoch zu sein, das kann wirklich jeder schaffen, und es spart Energie und Zeit. Danke, Lisa!

SILVIA RAGI BARACCHI

→ Chefkoch des Relais Il Falconiere

Am Anfang habe ich die Nase gerümpft ... es schien eine so merkwürdige Idee. Dann habe ich einen Moment lang nachgedacht. Blitzschnell habe ich mich in zwei unterschiedliche Personen hineingedacht: zunächst in den Koch unseres Restaurants, mitten bei der Arbeit, dem eine industrielle Spülmaschine zur Verfügung steht, und dachte: Nein, das kann nicht funktionieren! Dann habe ich mich in eine normale Hausfrau hineinversetzt, die eine Familie versorgen muss: Ehemann, Kinder und Arbeit, immer unter Zeitdruck, aber auch mit dem Wunsch, etwas Neues zuzubereiten. Den Mann und die Familie oder auch Freunde mit einem neuen besonderen Gericht zu überraschen, das schonend gegart wird und gleichzeitig alle Aromen beibehält!

Wie nett und originell die Einmachgläser anzuschauen sind und wie einfach, einen Vakuumbeutel zu öffnen und das tolle Aroma von Gemüse und Kräutern zu genießen, die auch noch ihre glänzende Farbe beibehalten ... einfach überragend! Die vorgeschlagenen Rezepte sind sicher schmackhaft, aber eine neue Technik auszuprobieren regt auch die Fantasie an. Man kann saisonale Zutaten hinzufügen oder eine Fischsorte durch eine andere ersetzen, je nachdem, was es so auf dem Markt gibt.

PAOLO MARCHI

→ Journalist, Gründer und Veranstalter des Kongresses Identità Golose

Als Gast interessiert es mich nicht, wie das Leben des Kochs oder seiner Kollegen in dem Restaurant aussieht, in dem ich vertrauensvoll für den Abend reserviert habe. Als Gast möchte ich gut essen, einen korrekten Preis zahlen, gut danach schlafen und ausgeruht und zufrieden aufwachen. Ich wünsche weder mit Billigprodukten an der Nase herumgeführt zu werden, die mir als Neuigkeit verkauft werden, noch mit mittelmäßigen Weinen, die mit großen Worten angepriesen werden, oder mit raffinierten Gewürzen.

So sollte das nicht nur in der Gastronomie, sondern in allen Bereichen sein, vom Kauf eines neuen Autos bis zum Urlaubshotel und dem Bioprodukt des Wochenmarktes. Sollte – denn es ist leider nicht immer so. Deshalb müssen wir uns zunächst gut informieren, um nicht übers Ohr gehauen zu werden. Der intelligente Restaurantbetreiber passt sein Angebot dem Gast an, den er vor sich hat, vermeidet, etwas anzubieten, von dem er weiß oder vermutet, dass der Gast es nicht mag, und hebt das hervor, was er für das Beste hält. Aber es gibt auch jene Schlauberger, die uns etwas vormachen wollen, und da müssen wir wachsam sein. Wenn wir ein Restaurant mit authentischer Küche oder Kreativität suchen, sollten wir aufpassen, dass wir nicht auf Spielereien und Spezialeffekte hereinfallen, die nur dem Amüsement dienen. Na, ich habe das alles geschrieben, weil ich bei Lisa Casali die Kohärenz und die Fähigkeit zur Innovation bewundere – zwei seltene Eigenschaften. Man redet so viel von Kreativität in der Küche, aber die Neuigkeit kann auch die vergängliche Konsistenz von Seidenpapier haben. Wir alle, nicht nur die Ideen, waren neu, als wir zur Welt kamen, aber hinterlassen wir alle ein Zeichen? Kreativität ist wichtig, aber was zählt, ist, innovativ zu sein und anregen zu können, sodass die Neuigkeit authentische Früchte trägt. Die Kohärenz gesellt sich zur Innovation wenn man in einer Spülmaschine einen Herd sieht, in dem man Köstlichkeiten zubereiten kann, indem man das gleiche warme Wasser benutzt, mit dem die schmutzigen Teller des vorangegangenen Mahls gewaschen werden. Lisa vermeidet es grundsätzlich, Dinge wegzuwerfen. Sie hat nicht einfach eine neue Nutzungsmöglichkeit der Spülmaschine entdeckt, ohne wirklich daran zu glauben und nur um Aufmerksamkeit zu erregen. Diese Rezeptsammlung ist die logische Konsequenz eines Lebensstils, in dem das Wegwerfen vermieden wird und intelligente und altruistische Entscheidungen getroffen werden. Darüber hinaus liebt Lisa gutes Essen, sie kocht mit Begeisterung und verbringt gerne Zeit mit Freunden. Sie hätte die Idee mit dem Kochen in der Spülmaschine nicht weiterverfolgt, wenn das Gerät nicht wirklich ein optimaler Garapparat wäre. Es gibt Köche, Konditoren und Eishersteller, die merkwürdige Dinge kreieren, damit man in den Medien von ihnen berichtet. Nach ein paar Wochen ist es wieder vergessen. Wenn Sie die Rezepte aus diesem Buch nachkochen, werden Sie eine neue Welt entdecken, gut und richtig, unterhaltsam sogar. Und dies gleich doppelt: beim Abendessen – und beim Bezahlen der Stromrechnung.

EMANUELE SCARELLO

→ Chefkoch des Restaurants Agli Amici, Vorsitzender des Verbandes JRE (Jeunes Restaurateurs d'Europe)

Nachhaltigkeit und ein feines Gespür – das umfasst Lisas Arbeit. Als Koch bin ich von solchen Konzepten fasziniert, die, gepaart mit Kreativität, eine Küche voller Kultur, Respekt und Umweltbewusstsein hervorbringen. Das ist höchste Zeit, denn der stete Tropfen höhlt den Stein.

Ich denke an den Bauern, meinen Nachbarn, der die Felder bearbeitet und Kartoffeln auf meinem Land anbaut. Dann komme ich und mache wohlschmeckende Gnocchi daraus, die Schale röste ich und kann damit vielleicht einen einfachen Salat „würzen", so werfen wir nichts von den Schätzen weg, die die Erde und die Arbeit des Mannes hervorbringen. Alles, was ich tu, möge dazu beitragen, den Gästen an meinem Tisch ein unvergessliches Erlebnis zu bescheren, ein Gefühl vielleicht. Das feine Gespür findet sich auch in den Rezepten dieses Buches: Lisa kocht, ja, sie kocht die ihr liebsten Zutaten in einem hermetisch verschlossenen Glasbehälter oder Beutel, um jedes Aroma zu konservieren und keinen Geschmack zu verändern. Seien Sie nicht konsterniert, probieren Sie es einfach aus. Wo? In Ihrer Spülmaschine natürlich!

WARUM IN DER SPÜLMASCHINE KOCHEN?

Das Garen in der Spülmaschine ist eine neue Art des Kochens bei Niedrigtemperatur, die die Wassertemperatur des Spülwassers nutzt, während das schmutzige Geschirr abgewaschen wird. Der sich entwickelnde Dampf ist dem der Dampfgarmethode sehr ähnlich, warum also nicht davon profitieren? Es reicht, den richtigen Behälter und die geeigneten Zutaten zu wählen, die sich in dem jeweiligen Spülgang garen lassen. Bei den meisten gebräuchlichen Geschirrspülern stehen mindestens vier Programme zur Auswahl (siehe nebenstehende Übersicht), wenn auch nicht alle Geräte gleich sind. Temperatur und Zeitdauer der einzelnen Spülgänge können leicht unterschiedlich sein, aber die Niedrigtemperatur-Garmethode lässt glücklicherweise mehr Spielraum als traditionelles Kochen bei hohen Temperaturen. 1 Minute bei 100 °C entspricht wenigstens 15 Minuten bei 60 °C, deshalb haben wir Rezepte entwickelt, die in allen Geschirrspülern funktionieren. Falls Sie eine neue Maschine kaufen, sollten Sie auf Energie- und Wasserverbrauch achten. Einige der neueren Modelle haben einen so niedrigen Verbrauch, dass sie, kombiniert mit der Garmethode, eine bedeutende Einsparung von Wasser und Energie möglich machen.

Die Programme

EXPRESS/SCHNELL

Eigenschaften:
Garen bei mittlerer Temperatur, kürzer als andere Spülgänge (meistens 30 Minuten)

60–65 °C – 30 min

ECO

Eigenschaften:
Garen bei niedriger Temperatur

50–55 °C

NORMAL/AUTOMATIK

Eigenschaften:
Garen bei mittlerer Temperatur

60–65 °C

INTENSIV

Eigenschaften:
Garen bei mittelhoher Temperatur

70–75 °C

DIE SPÜLMASCHINE SPART WASSER & ENERGIE

Einige Studien (Universität Bonn 2008; Altroconsumo 2009) legen dar, dass beim Abwaschen von Hand unter fließendem Wasser unter Umständen mehr als 100 Liter Wasser verbraucht werden. Eine Spülmaschine der Energieeffizienzklasse A verbraucht im Programm Eco zwischen 10 und 18 Liter Wasser und 1 bis 1,3 kWh Strom. Bei sinkender Energieeffizienzklasse steigt der Verbrauch jedoch bis auf 26 Liter. Um die Maschine effizient zu nutzen, sollte sie nur vollständig

Wasserverbrauch im Vergleich: Abwasch per Hand – Spülmaschine

LAND	WASSER (Liter)	ENERGIE (kWh)	ZEITDAUER (Minuten)		SAUBERKEITSGRAD (0–5)
Deutschland	**46**	**1,3**	**76**		**3,2**
Polen/Tschechien/Slowakei	**94**	**2,1**	**92**		**3,3**
Italien	**115**	**2,5**	**76**		**3,2**
Spanien/Portugal	**170**	**4,7**	**79**		**3,4**
Türkei	**126**	**2,0**	**106**		**3,5**
Frankreich	**103**	**2,5**	**84**		**3,4**
Großbritannien/Irland	**63**	**1,6**	**65**		**2,9**
Durchschnitt per Hand	**103**	**2,5**	**79**		**3,3**
Spülmaschine (Klasse A)	**15**	**1,5**	**15** Be- und Entladen	**100/180** Spülvorgang	**3,3–4,3**

gefüllt in Betrieb genommen werden, außerdem sollten Niedrigtemperatur-Programme bevorzugt und 100-prozentig biologisch abbaubare Spülmittel verwendet werden. Die Untersuchung der Universität Bonn wurde mit Testpersonen verschiedener Nationalitäten durchgeführt. 75 professionelle Tellerwäscher aus verschiedenen Ländern haben hierfür in ihrer gewohnten Art jeweils Geschirr von 12 Personen abgewaschen. Teller, Besteck und Gläser waren von schwierigen Resten verschmutzt (Spinat, Fleisch, Haferflocken, Milch, Tee, Eigelb), die auf 80 °C erhitzt und angetrocknet waren. Dabei stellte sich heraus, dass Testpersonen aus den Mittelmeerländern den höchsten Wasser- und Energieverbrauch, Testpersonen aus Deutschland dagegen den geringsten Verbrauch beim Abwaschen von Hand aufwiesen. Im Schnitt haben die Tellerwäscher 103 Liter Wasser und 2,5 kWh Energie zur Erhitzung des Wassers verwendet. Die Spülmaschinen verbrauchten in diesem Experiment dagegen nur 15 Liter Wasser und 1,5 kWh. Es wird sicherlich im Einzelfall Abweichungen von diesen Werten geben, z. B. weniger sparsame, alte Spülmaschinen und wahre Tellerwäscherkünstler, die nicht unter fließendem Wasser spülen und nur wenig Wasser und Energie verbrauchen.

NICHT ALLE SPÜLMASCHINEN SIND GLEICH

Viele der im Handel erhältlichen Spülmaschinen verfügen über die folgenden Programme:
Eco, für wenig verschmutztes Geschirr
Normal/Automatik, für normal verschmutztes Geschirr, passt sich dem Verschmutzungsgrad und der Geschirrmenge an, für jeden Tag geeignet
Intensiv, für stark verschmutztes Geschirr und Töpfe
Express/Schnell 30 Minuten, für nur leicht Verschmutztes
Spülen, zum klaren Abspülen
Glas, für Gläser und Glasbehälter

Ein normaler Geschirrspüllauf besteht aus 4 Phasen: Vorwäsche (10–20 Minuten), Hauptgang (60–80 Minuten), Abspülen (35–45 Minuten), Trocknen (20–60 Minuten).

Temperatur, Dauer und Wasserverbrauch sind bei jedem Programm unterschiedlich. Je nach Hersteller, Modell und Alter Ihres Geschirrspülers können auch Wasser- und Energieverbrauch stark variieren. In der unten stehenden Tabelle finden Sie die Mittelwerte für die gängigen Geschirrspüler der Klasse A.

Geschirrspüler der Klasse A: Programme im Vergleich

PROGRAMM	ECO	NORMAL/AUTOMATIK	INTENSIV
Dauer	**2,5–3 Stunden**	**1,5–2,75 Stunden**	**etwa 2,5 Stunden**
Temperatur	**50–55 °C**	**55–70 °C**	**65–75 °C**
Wasserverbrauch	**10–18 l**	**9–22 l**	**14–25 l**
Energieverbrauch	**1–1,3 kWh**	**0,90–1,7 kWh**	**1,3–1,7 kWh**

SO GEHT'S: EINIGE REGELN FÜR SICHERES KOCHEN

Die hier vorgestellte Garmethode ist einfach, bietet zahlreiche Vorteile und eignet sich für alle, die eine Spülmaschine haben. Um Risiken zu vermeiden und um den größten Nutzen zu ziehen, sind nur einige Regeln zu beachten.

1. Hygiene und Sauberkeit
2. Geeignete Behälter
3. Qualität der Zutaten
4. Richtige Aufbewahrung
5. Organisation

Es sind ganz einfach zu beachtende Regeln, nur ist es wichtig, sie immer einzuhalten, wenn man in der Spülmaschine gart. Um absolut sicherzugehen, dass die Methode keine gesundheitsschädigenden Folgen hat, habe ich von einem bekannten Chemielabor vier Proben analysieren lassen. Und zwar ein Gericht im Glas mit Drehverschluss, eines im Einmachglas mit Gummi und schließlich zwei in Vakuumbeuteln unterschiedlicher Hersteller.

In keinem der so verpackten Gerichte fanden sich Spuren von Spülmittel. Die Analyse hat gezeigt, dass die Lebensmittel nicht mit dem Spülwasser in Kontakt kommen und die Garmethode absolut sicher ist.

HYGIENE & SAUBERKEIT

Wenn man in der Spülmaschine oder generell bei Niedrigtemperatur kocht, ist es ganz besonders wichtig, saubere Kochutensilien und Behälter zu verwenden. Auch die Zubereitungsflächen müssen unbedingt sauber und trocken sein. Benutzen Sie saubere Tücher für die Hände. Bei einer Gartemperatur von unter 50 °C können sich Bakterien sehr schnell verbreiten, deswegen ist Hygiene besonders geboten.

GEEIGNETE BEHÄLTER

Es ist wichtig, dass Glasbehälter oder kochfeste Vakuumbeutel hermetisch fest verschlossen sind, damit die Lebensmittel nicht mit dem Spülwasser in Kontakt kommen. Sie können alle Behälter mehrfach verwenden, es reicht, sie gründlich zu säubern.

GLÄSER

Es gibt verschiedene geeignete Gläser im Handel. Einmachgläser sind für diese Garmethode bestens geeignet, da sie die Lebensmittel luftdicht verschließen. Sie können Gläser mit Schraubverschluss oder mit Drahtbügelverschluss verwenden. Für die Rezepte in diesem Buch eignen sich folgende Größen:

-> 150 ml Inhalt, vor allem für den Nachtisch
-> 250 ml Inhalt etwa für Antipasti
-> 300 oder 350 ml Inhalt für Hauptgerichte
-> 500 ml für große Portionen
-> 1,5 l für Suppen und Brühe

VAKUUMBEUTEL

Die Beutel erhält man im Elektrofachhandel, der auch Vakuumier- und Folienschweißgeräte anbietet, oder im Internet. Achten Sie beim Kauf darauf, dass die Beutel auch kochfest sind. Zwei von drei Markenbeuteln, die ich ausprobiert habe, waren sowohl zur Konservierung als auch zum Kochen geeignet.

QUALITÄT DER ZUTATEN

Der dritte wichtige Punkt für gutes Gelingen und Sicherheit ist die Qualität der Zutaten. Das Garen in Gläsern wie auch in Vakuumbeuteln hebt sowohl mindere als auch gute Qualität eines Lebensmittels

deutlich hervor. Sie werden mit ganz frischen Zutaten von bester Qualität exzellente Resultate erzielen. Sollten Sie aber Ware, deren Mindesthaltbarkeitsdatum nahezu abgelaufen ist, oder nicht mehr frische Zutaten verwenden, wird das Ergebnis eher schlecht sein. Wenn Sie Krusten- und Schalentiere in einem geschlossenen Glas garen, bleiben die Aromen konzentriert eingeschlossen – der Meeresgeruch beim Öffnen des Glases ist also intensiv.

RICHTIGE AUFBEWAHRUNG

Produkte von guter Qualität, die richtig gelagert wurden, sind nicht von krankheitserregenden Bakterien befallen. Für sicheres Kochen ohne Risiken für die Gesundheit ist es wichtig, keine Lebensmittel lange zwischen etwa 20 °C und 50 °C aufzubewahren. Alle Lebensmittel sollten im Kühlschrank gelagert werden, bis sie zum Garen in die Spülmaschine kommen. Tiefgefrorene Zutaten lässt man unbedingt im Kühlschrank und keinesfalls bei Raumtemperatur auftauen, damit sich keine Bakterien verbreiten können. Wenn am Ende des Spülmaschinenprogramms das Gericht fertig gegart ist, sollte es serviert oder aber, nachdem es abgekühlt ist, in den Kühlschrank gestellt werden. In diesem Buch ist für jedes Gericht angegeben, wie lange es nach dem

Kochen maximal aufbewahrt werden kann (1 Tag, 3 Tage usw.). Vergessen Sie keine Gläser oder Beutel in der Spülmaschine, sie sollten nie länger als eine Stunde nach Ablauf des Programms dort verbleiben. Fleisch, Gemüse, Obst und Getreideprodukte können bis zu 3 Tage nach der Zubereitung verzehrt werden. Fisch, Krusten- und Schalentiere servieren Sie jedoch besser möglichst bald, sie verderben einfach schneller (gekennzeichnet mit „sofort").

ORGANISATION

Es empfiehlt sich, Mahlzeiten für mehrere Tage im Voraus zu planen, denn dann können Sie Vorräte und Zutaten gut einteilen und auch die Spülmaschinengänge bestens nutzen. Eine kleine Vorausplanung der Mahlzeiten ermöglicht sogar, das Haushaltsgerät nachts in Gang zu setzen und ganze Menüs für die nächsten Tage vorzubereiten. Manche Gerichte müssen natürlich sofort nach dem Kochen verzehrt werden, andere lassen sich einige Tage im Kühlschrank aufbewahren. Auch das kann man in seine Planung miteinbeziehen. Wenn Sie z. B. etwas in der Spülmaschine garen und um 20.30 Uhr essen möchten, sollten Sie mit den Vorbereitungen etwa zwei bis drei Stunden vorher fertig sein, um die Spülmaschine zwischen 17.30 und 18.30 Uhr anstellen zu können.

Wenn bei Ihnen der Strom nachts preiswerter ist, bietet es sich an, Haushaltsgeräte abends und nachts in Betrieb zu setzen. Stellen Sie das Spülmaschinenprogramm zwei bis drei Stunden vor dem Zubettgehen an, so können Sie die gegarten Gerichte, nachdem sie abgekühlt sind, noch in den Kühlschrank stellen. Eier können jedoch auch bei Raumtemperatur aufbewahrt werden. Sie können sie z. B. vor dem Schlafengehen im Geschirrspüler platzieren und ihn dann auf die gewünschte Uhrzeit programmieren, sodass Sie gekochte Eier zum Frühstück haben.

DIE NOTWENDIGEN UTENSILIEN

Sie benötigen für diese Garmethode keine Geräte, die schwierig zu beschaffen wären. Zunächst einmal sollten Sie natürlich eine Geschirrspülmaschine haben, vorzugsweise ein Modell der Klasse A mit niedrigem Wasser- und Stromverbrauch. Dann die Gefäße, in denen gegart werden soll: Glasbehälter (Einmachgläser sind bestens geeignet) und Vakuumbeutel. Glasbehälter müssen nach jedem Gebrauch gründlich gereinigt werden; Sie sollten wenigstens ein Glas pro Familienmitglied in verschiedenen Größen (mit 150 ml, 250 ml, 300 ml und 350 ml Fassungsvermögen) besitzen. Die sonst übliche Küchenausstattung benötigen Sie natürlich auch: Behälter, Schneidebretter, Messer usw. Für einige Rezepte könnten auch ein Stabmixer und ein Passiergerät hilfreich sein sowie ein Schnellkochtopf, um Energie zu sparen. Sie können aber auch normale Töpfe benutzen, nur müssen Sie dann die angegebene Kochzeit verdoppeln.

DAS VAKUUMIERGERÄT

Es gibt im Handel im Wesentlichen zwei unterschiedliche Arten von Vakuumiergeräten:

- Geräte mit Kammer und interner Absaugung. Dies sind professionelle Geräte, die in der Gastronomie benutzt werden. Sie sind ziemlich groß, saugen die Luft sehr gut ab und garantieren somit ein perfektes Vakuum.
- Geräte mit externer Absaugung. Diese sind preisgünstiger, kleiner und für den Einsatz im Haushalt geeignet. Sie liefern kein absolut professionelles Ergebnis, aber für den Hausgebrauch und die Vorbereitung der Beutel auf die Spülmaschine sind sie vollkommen ausreichend.

Falls Sie solch ein Gerät noch nicht besitzen, überlegen Sie sich, ob sich die Anschaffung nicht lohnen könnte. Über die Möglichkeit hinaus, Beutel für das Garen in der Spülmaschine vorzubereiten, bieten sie viele Vorteile:

- Vakuumverschlossene Lebensmittel können deutlich länger, manche doppelt so lang aufbewahrt werden, und zwar sowohl bei Raumtemperatur, im Kühlschrank als auch im Gefrierfach, weil Bakterienentwicklung und Oxidation minimiert sind.
- Vakuumverschlossene Lebensmittel benötigen weniger Platz.
- Marinaden wirken intensiver, und die Zutaten brauchen nur etwa eine halb so lange Marinierzeit.

WIE MAN VAKUUMBEUTEL VERWENDET

Überprüfen Sie vor dem Gebrauch, ob die Beutel sauber und unbeschädigt sind. Es gibt im Handel bereits verschiedene Größen, aber auch Folienrollen, die man selbst je nach Bedarf zuschneidet. Um das Einfüllen der Lebensmittel zu erleichtern und die Ränder, die ja noch verschweißt werden, nicht zu beschmutzen, kann man sie einige Zentimeter nach außen umschlagen. Die Beutel werden nie zu mehr als zwei Dritteln gefüllt, also immer darauf achten, dass sie groß genug sind, oder aber die Lebensmittel auf mehrere Beutel verteilen. Wenn die Beutel gefüllt sind, können die Ränder wieder hochgerollt werden, dabei sollten Sie prüfen, ob sie sauber und trocken sind. Legen Sie dann den Rand des Beutels in das Vakuumiergerät und folgen Sie der Gebrauchsanweisung von Ihrer Maschine. Wenn Flüssigkeit mitverwendet wird, darf der Beutel nur zu einem Drittel gefüllt sein. Dann sollte sofort manuell die Schweißnaht gesetzt werden, sobald die Maschine anläuft. Wenn der Beutel vakuumverschlossen ist, überprüfen Sie, ob die Schweißnaht auch wirklich dicht ist, und legen Sie dann den Beutel bis zum Garen in den Kühlschrank. Vakuumverschlossene und zum Garen bereite Lebensmittel können Sie auch erst einmal einfrieren. Vor der Weiterverarbeitung müssen sie lediglich im Kühlschrank auftauen und können dann direkt in der Spülmaschine gegart werden.

Um die Zutaten mit Ihrer Maschine zu vakuumieren, legen Sie diese in einen Beutel, der zu nicht mehr als zwei Dritteln gefüllt werden sollte (1). Dann wird er mit der Maschine versiegelt (2). Danach den Beutel noch einmal überprüfen (3).

DIE VORTEILE DES GARENS IN DER SPÜLMASCHINE

Zehn Vorteile dieser Kochtechnik:

1. Umwelt
2. Gesundheit
3. Diät
4. Ersparnis
5. Geschmack
6. Freie Zeit
7. Garen bei Niedrigtemperatur
8. Weder Geruch noch Hitze in der Küche
9. Einfache & schnelle Zubereitung
10. Planung der Mahlzeiten

UMWELT

Ein umweltschonender Effekt beim Kochen in der Spülmaschine ergibt sich natürlich nur, wenn die Gerichte gegart werden, während das Geschirr gespült wird. Um den Effekt optimal zu nutzen, muss die Spülmaschine vollständig befüllt sein. Das auszuwählende Programm hängt vom Verschmutzungsgrad des Geschirrs ab, und die Wahl, welches Gericht man zubereitet, sollte von dem benötigten Spülprogramm abhängig gemacht werden – nicht umgekehrt. Man kann sogar mehrere Gänge gleichzeitig unter Nutzung der Spülwassertemperatur zubereiten, ohne zusätzliche Energie und Wasser zu verbrauchen. Das Kochen im Dampf der Spülmaschine bedeutet, den Energieverbrauch zu minimieren, ebenso wie auch den CO_2-Ausstoß, der sich durch den Kochvorgang ergibt.

Energieverbrauch unterschiedlicher Gartechniken für 1 kg Lebensmittel

GARTECHNIK	ENERGIEVERBRAUCH (mJ)	CO_2-FUSSABDRUCK (g CO_2-eq)	ÖKOLOGISCHER FUSSABDRUCK (m^2 global)
Kochen	**3,5**	**420**	**5**
Frittieren	**7,5**	**900**	**12**
Grillen	**8,5**	**1020**	**13**
Mikrowelle	**0,34**	**59**	**1**

Daten erstellt durch Barilla Center for Food and Nutrition. Veröffentlicht im Dokument *Doppia piramide: alimentazione sana per le persone, sostenibile per il pianeta (Doppelte Pyramide: Gesunde Ernährung für die Menschen, nachhaltig für den Planeten)*

GESUNDHEIT

Garmethoden bei Niedrigtemperatur schonen die Nährwerteigenschaften der Lebensmittel und verändern sie deutlich weniger als Garmethoden bei hohen Temperaturen, wie z. B. das Braten. So bleiben mehr Vitamine erhalten, Proteine denaturieren nicht, Fette werden nicht zersetzt und bilden somit auch keine schädlichen Substanzen. Die Zutaten brennen nicht an, und wir laufen nicht Gefahr, die dabei entstehenden, für unseren Organismus giftigen Nebenprodukte zu konsumieren. Vor allem minimieren wir die Aufnahme von Acrylamid, einer schädlichen Substanz, die beim Kochen auf hoher Temperatur entsteht.

DIÄT

Für die Spülmaschinen-Garmethode benötigt man bis zu 60 Prozent weniger Fett. Man kann die Gerichte mit ein wenig Olivenöl abrunden, wenn sie fertig sind. So profitiert man von all den guten Eigenschaften, die natives Olivenöl extra zu bieten hat, ohne zu viel davon zu konsumieren. Mit dieser Methode lassen sich die Speisen sogar noch geschmackvoller zubereiten, als beim Dämpfen. Sie eignet sich außerdem bestens für alle, die eine kalorienarme Diät einhalten möchten. Die intensiven Aromen,

die sich beim Öffnen der Gläser verbreiten, verwöhnen unseren Geruchssinn und sorgen für ein größeres Geschmackserlebnis beim Essen. Die Garmethode eignet sich sehr gut für Fleisch, Fisch, Krusten- und Schalentiere, und bietet es sich an, die so zubereiteten Gerichte mit gesunden Vollkornprodukten sowie saisonalem Gemüse und Obst zu kombinieren.

ERSPARNIS

Da wir den Dampf der Spülmaschine während ihres Spülprogramms nutzen, werden Energie und Wasser gespart. Über das Jahr hinweg können Sie den Energie- und Wasserverbrauch für das Kochen erheblich senken. Wenn Sie nicht gerade begnadete Tellerwäscherin oder Tellerwäscher sind und nicht unter fließendem Wasser spülen, ist der Abwasch in der Spülmaschine ökonomischer als der Abwasch von Hand. Wenn Sie dann auch noch die gleiche Energie zum Garen des Mittag- oder Abendessens nutzen, wird die Ersparnis deutlich höher sein.

GESCHMACK

Alle geschmacklichen und aromatischen Eigenschaften der einzelnen Zutaten bleiben bei der Spülmaschinen-Kochmethode erhalten. Die Mühe, die Sie sich bei der Auswahl hochwertiger Zutaten machen, wird durch intensiven Geschmack und volles Aroma der fertigen Gerichte belohnt. Der Geschmack wird konzentriert, die Aromen voll entwickelt und unterstrichen, weshalb auch weniger Salz als bei traditionellen Garmethoden benötigt wird.

FREIE ZEIT

Zeit gewinnen ist sicherlich ein nicht zu unterschätzender positiver Aspekt angesichts unseres heutigen Lebensstils. Wir haben nie genug Zeit, und oft ist dies die Entschuldigung dafür, gar nicht erst selbst zu kochen, sondern Fertiggerichte zu essen. Es ist aber wirklich machbar, ein sehr beschäftigtes Leben zu führen und trotzdem gesund zu essen. Voraussetzung ist ein Minimum an Organisation und Planung, insbesondere für diese Garmethode, aber Sie werden sich auch viele freie Stunden dadurch bescheren. In diesem Buch finden Sie verschiedene Menüs, denn in jedem Spülprogramm können mindestens drei Gänge gleichzeitig garen. So können

Sie die Zubereitung des Abendessens für zwei oder drei Stunden Ihrer Spülmaschine überlassen. In dieser Zeit können Sie tun, was Ihnen beliebt: ausruhen, aufräumen, falls Sie Gäste erwarten, mit den Kindern spielen, lesen, Sport machen ... All das, ohne Gefahr zu laufen, etwas anbrennen zu lassen, und ohne Bedenken, die Töpfe auf dem Herd allein zu lassen. Während Sie bei traditionellen Kochtechniken bis zum letzten Moment am Herd stehen müssen, haben Sie mit dieser Methode Zeit, die Schürze beiseitezulegen, sich in Ruhe umzuziehen und Ihre Gäste in einer aufgeräumten Küche zu empfangen.

GAREN BEI NIEDRIGTEMPERATUR

Diese Art zu garen ist in der gehobenen Gastronomie sehr verbreitet, aber kaum in den Privathaushalten, weil man professionelle Geräte, wie z. B. ein Thermostatbad, braucht. Das Garen bei Niedrigtemperatur macht die Fasern der Zutaten ganz zart, ohne das Volumen zu reduzieren. Dies aber ohne professionelle Geräte zu Hause zu schaffen, ist sehr kompliziert. Ohne Profiausrüstung müssten Sie zu Hause etwa einen großen Topf voller Wasser auf den Herd setzen, ein Thermometer zur Hand nehmen und dann viel Geduld haben. Glücklicherweise erfüllt die Spülmaschine den gleichen Dienst wie die Geräte in den Restaurantküchen, wenn auch mit weniger Präzision. Aber mit den vier Spülmaschinenprogrammen Express, Eco, Normal und Intensiv erzielt man ohne großen Aufwand wirklich gute Resultate.

WEDER GERUCH NOCH HITZE IN DER KÜCHE

Da die Zutaten in Gläsern oder Vakuumbeuteln garen, bleiben die Aromen in den Behältnissen und verlieren sich nicht in der Küche. Sie kommen in den vollen Genuss des Duftes, wenn Sie das Gericht verzehren, doch in Ihrer Küche ist nichts davon zu riechen. Vor allem wenn Sie Fisch zubereiten, kann es von großem Vorteil sein, dass sich keine bleibenden Kochgerüche entwickeln – besonders wenn Sie in einem Einzimmerapartment wohnen. Im Sommer schätze ich es persönlich besonders, keinen Herd anmachen zu müssen. An den heißesten Tagen kann das Kochen wirklich unangenehm werden, wenn die Temperatur in der Küche allzu sehr ansteigt. Beim Kochen in der Spülmaschine kann man im Voraus zubereiten, der Herd wird selten benötigt, und die Küche bleibt frisch.

EINFACHE & SCHNELLE ZUBEREITUNG

Diese Kochtechnik können alle verwenden, es ist ganz leicht. Ganze Menüs können mit kleinem Aufwand und ohne große Vorkenntnisse oder besondere Geräte zubereitet werden. Für ein Mittag- oder Abendessen müssen Sie lediglich die Zutaten vorbereiten, sie in die Gläser oder Beutel geben und das dem Verschmutzungsgrad Ihres Geschirrs angepasste Programm starten.

PLANUNG DER MAHLZEITEN

Sie können bei der Spülmaschinen-Kochmethode Ihre Mahlzeiten so durchorganisieren wie in einem Restaurant. Sie garen im Voraus und stellen das Gericht erst kurz vor dem Servieren fertig. Bei den meisten Rezepten ist es nicht nötig, das Gericht sofort nach dem Garen zu verzehren, manche kann man bis zu 3 Tage im Kühlschrank aufbewahren. Fleisch z. B. verliert, wenn es traditionell zubereitet wurde, seine Flüssigkeit und wird trocken, also muss man es schnell essen. Bei Niedrigtemperatur gegart, kann jedoch selbst ein dünnes Kalbsschnitzel 3 Tage im Kühlschrank aufbewahrt werden und trotzdem zart bleiben.

WAS MAN IN DER SPÜLMASCHINE KOCHT

Ich habe angefangen, mit dieser Methode zu kochen, weil ich auf möglichst umweltschonende Weise, also mit möglichst geringem Energie- und Wasserverbrauch Gerichte garen wollte. Niedrige Temperaturen sind nicht zum Garen von allen Lebensmitteln geeignet, aber sehr gut für Zutaten mit hohem tierischem Proteingehalt. Dagegen wird pflanzliche Faser unter 85 °C kaum zart. Am besten sind Fleisch, Fisch, Krusten- und Schalentiere sowie Eier für das Garen bei Niedrigtemperatur geeignet. Gemüse kann man zwar ebenfalls mit dieser Methode zubereiten, es wird dann aber nur teilweise gar, bleibt also ziemlich knackig. Hülsenfrüchte und Getreide wie Reis, Dinkel und Gerste müssen vorgekocht werden und lassen sich dann als Zutat zum Gericht hinzufügen. Sie sehen, man kann mit dem Garen in der Spülmaschine die traditionellen Garmethoden nicht vollständig ersetzen, aber es ist eine wunderbare Ergänzung, vor allem, wenn tierische Zutaten verarbeitet werden. Gemüse, Obst, Getreideprodukte und Hülsen-

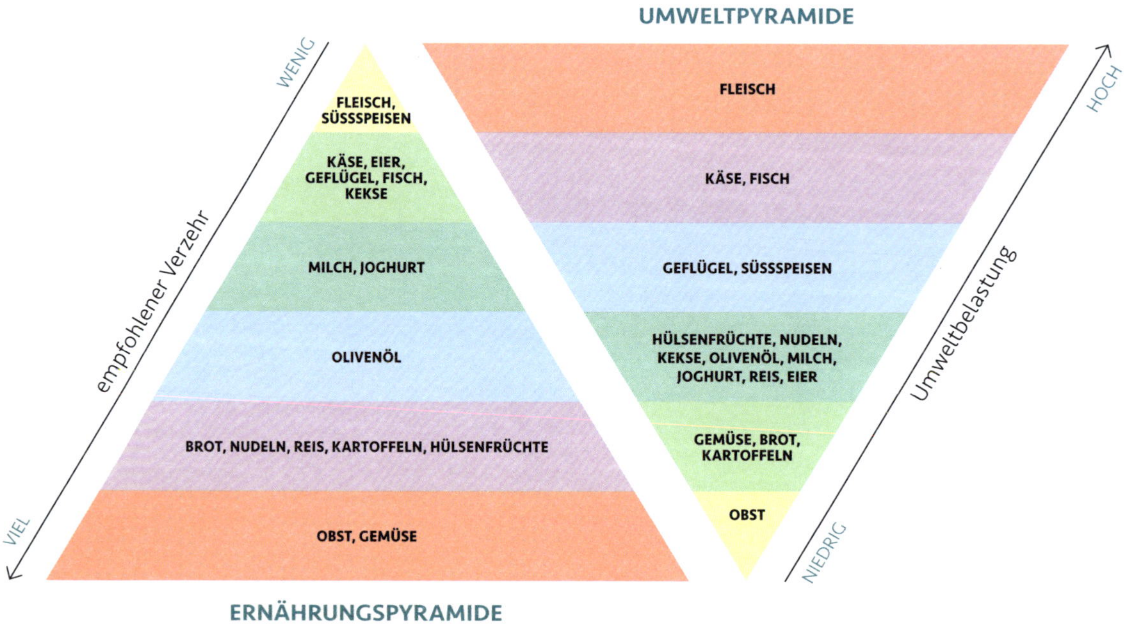

früchte sollten die Basis unserer Ernährung bilden, während Fleisch und Fisch eher eine Ausnahme bilden sollten. Aus verschiedenen Studien geht hervor, dass die für unseren Organismus gesündesten Nahrungsmittel auch diejenigen sind, die die Umwelt am wenigsten belasten. Die Doppelte Ernährungs- und Umweltpyramide (siehe Seite 24) wurde auf der Grundlage einer umfangreichen Untersuchung, durchgeführt vom Barilla Center for Food and Nutrition, erstellt. Sie ist Resultat aus der Auswertung und Kombination der Ergebnisse zahlreicher internationaler Studien zum Thema gesunde Ernährung und Umweltaspekte. Hier zeigt sich, dass die Nahrungsmittel, die man hauptsächlich verzehren sollte, tatsächlich auch mit der niedrigsten Umweltbelastung, was Rohstoffverbrauch, Emissionswerte, Bodennutzung, Wasser- und Bodenverschmutzung usw. betrifft, einhergehen. Eine auf pflanzlichen Produkten basierende Ernährung hat demnach nicht nur großen Nutzen für unsere Gesundheit, sondern auch für die Umwelt.

Fleischsorten im Vergleich

FLEISCHSORTE (1 kg)	**Emission, CO_2-Äquivalente (kg)**	**WASSERVERBRAUCH (Liter)**
Rind	**6,2**	**15 500**
Geflügel	**1,9**	**3 900**
Schwein	**2,3**	**4 900**

FLEISCH

Es ist empfehlenswert, den Fleischkonsum zu reduzieren und dafür Erzeugnisse bester Qualität zu wählen, die aus artgerechter Tierhaltung und nicht aus Massentierhaltung stammen. Suchen Sie einen Biobauern Ihres Vertrauens aus und schauen Sie sich den Hof einmal selbst an.
Man unterscheidet zwischen rotem Fleisch (z. B. Rind-, Kalb-, Schweine- und Lammfleisch sowie Wildbret) und weißem Fleisch (z. B. Geflügel und Wildgeflügel). Die genaue Zuordnung der einzelnen Fleischsorten sowie deren Konsum variiert jedoch von Land zu Land. Die meistverkauften Fleischsorten in Europa sind Schwein, Rind und Geflügel.
In den Rezepten dieses Buches habe ich mich bemüht, nicht nur die besten und begehrtesten Fleischstücke zu verwenden, sondern auch die weniger beliebten Fleischschnitte. Oft werden sie verschmäht, aber wenn man lernt, sie gut zuzubereiten, trägt das dazu bei, weniger Abfall zu produzieren und die geschlachteten Tiere optimal zu verwerten. Mit der Spülmaschinen-Garmethode erzielt man auch bei weniger teuren Fleischstücken exzellente Resultate, sie werden saftig und zart. Durch bewusst vielfältige und unterschiedliche Fleischauswahl können wir dazu beitragen, dass sich die Massenhaltung nicht auf wenige bestimmte Tierarten konzentriert oder keine Tiere mit entsprechenden körperlichen Merkmalen, wie z. B. Geflügel mit riesiger Brust, gezüchtet werden.

Rindfleisch

Fleischstücke 1. Wahl

Filet, Roastbeef, Oberschale, Kugel, Hochrippe, Unterschale, Hüfte

Fleischstücke 2. Wahl

Rollbraten, Brust, Fehlrippe, Schulter, Querrippe

Fleischstücke 3. Wahl

Nacken, Spannrippe, Hesse, Schwanz

Quelle: www.alimentipedia.it

FISCH

Wir sind noch mit der Vorstellung aufgewachsen, dass die Meeresvorräte unerschöpflich seien. Heute begreifen wir, dass dem nicht mehr so ist und immer mehr Fischarten vom Aussterben bedroht sind.

In den Rezepten hier im Buch werden keine Fische und Meeresfrüchte verwendet, deren Bestände gefährdet sind. Bevorzugen Sie Fettfisch und Fisch aus nahen Meeren. Versichern Sie sich, dass Fisch, Krusten- und Schalentiere von ausgewachsener Größe sind und sich somit vor dem Fang fortpflanzen konnten. Man sollte nicht mehr als zweimal pro Woche Fisch essen und dabei Fisch des unteren Endes der Nahrungskette bevorzugen, z. B. Sardellen und Sardinen. In den Auslagen der Fischgeschäfte finden wir oftmals Zuchtfisch. Es lässt sich nicht so leicht entscheiden, ob Fangfisch oder Zuchtfisch die bessere Wahl ist. Für

Fisch, den man meiden sollte

Thunfisch (Roter und Gelbflossen-Thun)

Begründung
Der Thunfisch ist sowohl im Mittelmeer als auch in anderen Meeren überfischt. Fischpiraten fangen ihn immer noch in vielen Gebieten, und das oft mit Fangmethoden, die für den Beifang zerstörerisch sind. Nach dem Fang werden Thunfische in Zuchtbehältern gehalten und mit extra für diesen Zweck gefangenen Fischen gefüttert.

Lachs

Begründung
Der Wildlachs ist überfischt, und der Zuchtlachs ist durch Exkremente stark kontaminiert. Wie auch der Thunfisch werden Lachse mit Fisch gefüttert, der eigens zu diesem Zweck gefangen wird, was negative Auswirkungen auf das empfindliche Ökosystem der Meere hat.

Schwertfisch

Begründung
Die Schwertfischbestände sind bedroht. Ein großes Problem ist der Beifang, der beim Schwertfisch 80 Prozent beträgt. Einige Arten (wie der Pottwal und der Delfin) sind deshalb bedroht. Obwohl das Fischen mit Treibnetzen in Europa verboten ist, ist illegaler Fang noch weit verbreitet.

Atlantikkabeljau

Begründung
Durch Überfischung vom Aussterben bedrohte Art. In Italien wird der Kabeljau vor allem als gesalzener Stockfisch verkauft. Der Kabeljau wird hauptsächlich mit Schleppnetzen gefangen, die erheblichen Schaden am Meeresgrund anrichten und eine Gefahr für das Ökosystem der Meere darstellen.

Brauner Zackenbarsch

Begründung
Durch das Ungleichgewicht zwischen Männchen und Weibchen im vorhandenen Fischbestand ist der Zackenbarsch gefährdet. In den ersten Lebensjahren ist der Zackenbarsch weiblich und lebt an der Oberfläche, danach wird er männlich und lebt in tieferen Meeresebenen. Die Fischerei entnimmt dem Bestand nur Weibchen und erschwert so die Fortpflanzung und den Fortbestand der Art.

Quelle: FAO, Slowfish, WWF, Greenpeace

Fisch der Saison

Ganzjährig

Meeräsche, Marmorbrasse, Schnauzenbrasse, Meerbrasse.

Frühjahr

Bastardmakrele, Makrele, Roter Knurrhahn, Seebarsch, Brasse, Stachelmakrele, Atlantischer Bonito, Rotbrasse.

Sommer

Bastardmakrele, Seezunge, Goldbrasse, Große Bernsteinmakrele, Seebarsch, Roter Knurrhahn, Brasse, Sardine, Sardelle.

Herbst

Weißer Thun, Seebarsch, Streifenbarbe, Steinbutt, Große Goldmakrele.

Winter

Brasse, Sardine, Große Bernsteinmakrele, Rotbrasse, Sardelle, Seeteufel, Atlantischer Bonito, Makrele, Steinbutt, Krake/Oktopus, Tintenfisch, Große Goldmakrele.

Quelle: *Mangiamoli giusti* von Slowfish

beide Arten gibt es Gründe, die dafür oder dagegen sprechen.
Generell trägt die Fischzucht zur Verschmutzung der Meere bei, auch wenn es einige Ausnahmen gibt. Die Molluskenzucht, insbesondere die Muschelzucht, ist mit Sicherheit eine der Nachhaltigsten. Man sollte beim Fischkauf und -verzehr folgende Regeln beachten:

1. Fisch der Saison auswählen (damit ist Fisch gemeint, der nicht gerade in der Fortpflanzungssphase ist).
2. Fisch der richtigen Größe auswählen (ausgewachsener Fisch ist nach seiner Geschlechtsreife gefischt und hat sich fortpflanzen können).
3. Fisch bevorzugen, der im nördlichen Atlantik und im Mittelmeer gefischt wurde oder aus nicht allzu weit entfernten Seen stammt. Bei den Süßwasserfischen wären dabei Schleie, Forelle, Döbel, Coregone, Hecht, Ukelei und Karpfen zu nennen.
4. Bedrohte und überfischte Arten meiden.

KRUSTEN- & SCHALENTIERE

Wir sollten auch Krustentiere mäßig konsumieren und beim Kauf diejenigen meiden, die nach Tausenden von Kilometern in unsere Geschäfte kommen, wie Garnelen aus den tropischen Gewässern Asiens. Die Garnelenzucht stellt eine starke Umweltbelastung für die Küstengebiete dar und ist eine der Hauptursachen für die Zerstörung der Mangrovenwälder in Asien. Die Mangroven sind ein wichtiger Schutz bei Hochwasser und Tsunamigefahr, darüber hinaus bilden sie den natürlichen Lebensraum vieler Arten. Unbedenklich konsumieren kann man den Heuschreckenkrebs – essen Sie ihn jedoch bald nach dem Kauf, da er leicht verderblich ist.

MOLLUSKEN

Bei den Weichtieren sieht es, was Bestände und Umweltbelastung betrifft, erheblich besser aus, auch wenn man keine Exemplare kaufen sollte, die im Schleppnetz gefangen wurden.
Die Zucht von Miesmuscheln, Venusmuscheln, Austern und Meeresschnecken kann als nachhaltig bezeichnet werden, da sie keine Futterzusätze benötigen und das Meer nicht verschmutzen. Auch bei Mollusken ist es wichtig, auf die

Fisch in der richtigen Größe

FISCH	MINDESTGRÖSSE (cm)
Achselfleckbrasse	**17**
Bastardmakrele	**15**
Goldbrasse	**20**
Große Geißbrasse	**23**
Hechtdorsch	**20**
Makrele	**18**
Marmorbrasse	**20**
Ringelbrasse	**12**
Rotbrasse	**15**
Rote Fleckbrasse	**33**
Sardelle	**9**
Sardine	**11**
Seebarsch	**25**
Seezunge	**20**
Spitzbrasse	**18**
Streifenbarbe	**11**
Wrackbarsch	**45**
Zackenbarsch	**45**
Zweibindenbrasse	**18**

Quelle: Slowfish und Greenpeace

Krustentiere in der richtigen Größe

MEERESFRÜCHTE	MINDESTGRÖSSE (cm)
Garnele	**2**
Hummer	**30**
Kaisergranat	**2**
Languste	**9**

Quelle: Slowfish und Greenpeace

Mollusken in der richtigen Größe

MEERESFRÜCHTE	MINDESTGRÖSSE (cm)
Jakobsmuschel	**10** (Muschelschale)
Venusmuschel	**2,5** (Muschelschale)

Quelle: Slowfish und Greenpeace

Mindestgröße zu achten, vor allem bei Jakobsmuscheln und Venusmuscheln. Tintenfisch und Oktopus können ebenfalls ohne Bedenken konsumiert werden, da sie nicht überfischt sind. Seedatteln zu fischen ist jedoch gesetzlich verboten. Sie sind erst nach zehn Jahren ausgewachsen, und um sie vom Felsen zu lösen, werden ganze Teile von Unterwasserriffen gesprengt. In diesem Buch bieten wir nur Rezepte mit Arten an, die nicht bedroht oder überfischt sind. Noch gibt es glücklicherweise genügend Meeresfrüchteprodukte aus Seen und Meer, die wir in Maßen genießen dürfen.

EIER & MILCHPRODUKTE

Wann immer es Ihnen möglich ist, sollten Sie Eier und Käse aus Bioproduktion verwenden. Am besten beziehen Sie diese Lebensmittel von einem kleinen Produzenten Ihres Vertrauens, bevorzugt aus Ihrer Region. Achten Sie darauf, frische Erzeugnisse von guter Qualität zu wählen, und verzehren Sie diese nur in mäßigen Mengen.

OBST & GEMÜSE

Wählen Sie nur saisonales Obst und Gemüse, bevorzugt aus biologischem oder biodynamischem Anbau. Es wäre ideal, direkt von regionalen Produzenten Ihres Vertrauens zu beziehen, dadurch müssen die Lebensmittel nicht über weite Wege transportiert werden, und Sie sind sicher, dass die Produkte frisch und von guter Qualität sind. Vom Umweltaspekt her gesehen ist es auch vorzuziehen, dass die Lebensmittel weder verpackt noch verarbeitet sind (wie z. B. bereits gewaschener Salat). Ein hoher Konsum von Obst und Gemüse hat nur Vorteile; es ist also wichtig, täglich mehr Obst und Gemüse und im Gegenzug weniger Fleisch und Fisch zu verzehren.

GETREIDE & HÜLSENFRÜCHTE

Für Getreide und Hülsenfrüchte gilt das Gleiche wie für Obst und Gemüse. Sie sollten Bioprodukte vorziehen und mahlen Sie, wenn möglich, Ihr Mehl einfach öfter selbst.

GEBRAUCHSANWEISUNG

PRODUKT	EXPRESS	ECO
Rind	Sehr kleine Stückchen oder feine Scheiben. Blutig gegart.	Entweder in Würfel geschnitten oder an einem Stück von maximal 500 g. Blutig gegart. Ideal für Roastbeef und Tagliata.
Huhn und Pute	Nicht zu empfehlen.	In feine Scheiben oder Streifen geschnitten.
Kaninchen	Nicht zu empfehlen.	In kleine Stücke geschnitten, entbeint.
Schwein	Nicht zu empfehlen.	In sehr kleine Stückchen geschnitten.
Lamm	Nicht zu empfehlen.	In sehr kleine Stückchen geschnitten, entbeint.
Fisch	Kleine bis mittelgroße Fischfilets oder Thunfischscheiben.	Mittlere bis große Fischfilets, besser im Glas gegart.
Krustentiere	Nur Garnelen im Vakuumbeutel gegart.	Aus der Schale gelöste und kleine bis mittelgroße Garnelen, Kaisergranate und Furchenkrebse.
Mollusken	Ideal für Tintenfisch (Sepia und Kalmar).	Muscheln und Jakobsmuscheln, die sich bereits im Topf geöffnet haben.
Gemüse	Nicht zu empfehlen.	Sehr klein gewürfelt (Brunoise), in feine Scheiben oder Stifte geschnitten (Julienne), knackig gegart.
Pilze	Nicht zu empfehlen.	In Würfel oder feine Scheiben geschnitten.
Obst	In Würfel oder feine Scheiben geschnitten oder püriert.	In Würfel oder feine Scheiben geschnitten oder püriert.
Eier	Nicht zu empfehlen.	Ausprobieren, wie Eier in der eigenen Spülmaschin garen. Entweder das ganze Ei im Glas oder ohne Schale im Vakuumbeutel garen.

Wenn Sie beginnen, sich mit der Spülmaschinen-Kochtechnik zu beschäftigen, konzentrieren Sie sich auf das Garen bei Niedrigtemperatur. Fangen Sie zunächst mit einfachen Rezepten an, so werden Sie mit der Methode vertraut und lernen Ihre Spülmaschine besser kennen. Hier auf den Seiten finden Sie einen Überblick über die zu empfehlenden Spülmaschinenprogramme für verschiedene Lebensmittel.

NORMAL	**INTENSIV**
Entweder in Würfel geschnitten oder an einem Stück von maximal 500 g. Medium gegart. Ideal für rotes Fleisch.	Entweder in Würfel geschnitten oder an einem Stück von maximal 500 g. Ideal für Fleischstücke mit höherem Fettanteil, die besser durchgegart sein müssen.
In feine Scheiben oder Streifen geschnitten.	Auch für dicke Scheiben, entbeinte Schenkel und Braten geeignet.
In kleine Stücke geschnitten, entbeint.	In größere Stücke geschnitten, aber entbeint.
In kleine Stücke oder Scheiben geschnitten.	Am Stück bis 500 g; ideal für Lendenstücke.
In mittelgroße Stücke geschnitten, entbeint.	In große Stücke geschnitten, entbeint; ideal für Lammkeule ohne große Fettstücke.
Mittlere bis große Fischfilets, besser im Glas gegart.	Große Fischfiletstücke.
Aus der Schale gelöste mittelgroße Garnelen, Kaisergranate und Furchenkrebse.	Kleine und mittelgroße Krustentiere in der Schale oder große aus der Schale gelöste, wie z. B. Hummer und Languste.
Muscheln, die sich bereits in der Pfanne geöffnet haben, Jakobsmuscheln und Tintenfisch (Sepia).	Muscheln, die sich bereits in der Pfanne geöffnet haben, Jakobsmuscheln, Sepien, Kalmare, Mini-Kraken. Oktopus nur, wenn er vorher gut geklopft ist und in der Pfanne nachträglich gebraten wird.
Sehr klein gewürfelt (Brunoise), in feine Scheiben oder Streifen geschnitten (Julienne), knackig gegart.	Gewürfelt oder in Scheiben geschnitten, knackig gegart.
In Würfel oder feine Scheiben geschnitten.	In Würfel oder Scheiben geschnitten.
In Würfel oder feine Scheiben geschnitten	In grobe Stücke oder Scheiben geschnitten.
Ausprobieren, wie Eier in der eigenen Spülmaschine garen. Entweder das ganze Ei im Glas oder ohne Schale im Vakuumbeutel garen.	Ausprobieren, wie Eier in der eigenen Spülmaschine garen. Entweder das ganze Ei im Glas oder ohne Schale im Vakuumbeutel garen.

FLEISCH

Fleisch gelingt in der Spülmaschine vorzüglich. Sie können alle Fleischsorten und alle Schnittstücke darin zubereiten, aber das Fleisch darf keine Knochen haben und nicht mehr als 500 g am Stück wiegen. Legen Sie das ausgewählte Fleischstück in den Vakuumbeutel, würzen Sie es wie gewünscht mit frischen Kräutern und verschließen Sie den Beutel. Bewahren Sie ihn im Kühlschrank auf, bis Ihre Spülmaschine voll ist. Dann können Sie den Beutel in der Spülmaschine platzieren, wo Sie wollen, er sollte nur kein Geschirr so bedecken, dass es nicht sauber abgewaschen wird, und er sollte natürlich auch nicht die Bewegung der Duscharme behindern. Füllen Sie dann wie gewöhnlich Spülmittel ein, wobei pflanzliche und 100-prozentig abbaubare Spülmittel verwendet werden sollten, und starten Sie das gewählte Programm.

Wenn Sie kein Vakuumiergerät haben, können Sie Fleisch auch im Glasbehälter garen, sowohl in kleinen Stücken als auch im Ganzen. Braten Sie das Fleisch kurz an, bevor Sie es in das Glas füllen, so ist es nach dem Garen fertig zum Servieren.

Im Vergleich zu traditionellen Kochmethoden bleibt bei Niedrigtemperatur gegartes Fleisch rosa, saftig, zart und natürlich geschmackvoll. Nach dem Garen in der Spülmaschine können Sie das Gericht sofort verzehren oder bis zu 3 Tage im Kühlschrank aufbewahren, ohne dass sich Geschmack und Konsistenz verschlechtern.

Vor dem Servieren reicht es, das Fleisch kurz in einer heißen Pfanne zu braten, dadurch karamellisiert die Oberfläche, es wird noch geschmackvoller und aromatischer. Die Flüssigkeit aus dem Beutel oder dem Glas können Sie reduzieren und als Bratenfond zum Fleisch reichen. Wenn Sie das Fleisch bei Niedrigtemperatur gegart haben, können Sie es auch für etwas kompliziertere Rezepte verwenden (Schmorbraten, Frikassee), es wird zart und saftig bleiben.

FISCH

Sie können die Tipps für das Fleisch auch auf Fisch anwenden. Wenn Sie Fischfilets vor dem Garen mit Kräutern und Wein in einem Vakuumbeutel verschlossen lagern, marinieren sie hervorragend, es verleiht ihnen Geschmack und Aroma. Nach dem Garen empfiehlt es sich, sie kurz anzubraten oder zu grillen, dadurch bräunen sie leicht und sind ein größerer Augen- und Gaumenschmaus. Das Express-Programm ist für Fisch sehr gut geeignet, er wird darin bei nicht mehr als 70 °C ideal gegart.

KRUSTENTIERE & MOLLUSKEN

Für Krustentiere und Mollusken ist es nicht zwingend nötig, sie nach dem Garen anzubraten, es hängt vom Rezept ab. Muscheln müssen jedoch unbedingt vor dem Garen in der Spülmaschine in einem Topf vorgekocht werden, damit sich die Schalen öffnen und Sie möglicherweise verdorbene, nicht geöffnete Exemplare aussortieren können. Die niedrigen Temperaturen würden nicht ausreichen, die Muscheln vollständig zu öffnen.

EIER

Eier sollte man idealerweise bei höchstens 64 °C so lange garen, wie für das gewünschte Ergebnis nötig. Ich habe hier nur ein Rezept mit Ei vorgeschlagen, weil es je nach Spülmaschinenmodell recht große Unterschiede im Garergebnis gibt. In den moderneren Maschinen mit niedrigem Energieverbrauch gerinnt das Ei oft nicht vollständig und bleibt sehr weich, in älteren oder technisch weniger fortschrittlichen Maschinen gelingen Eier im Intensiv-Programm ganz hart gekocht, im Normal-Programm weich gekocht und weich mit flüssigem Dotter im Eco-Programm. Um ein Ei in der Spülmaschine zu garen, legt man es in ein Glas und bedeckt es mit kaltem Wasser. Nach Ende des Spülgangs können Sie das Glas öffnen und das Ei probieren. Beim Niedrigtemperaturgaren gerinnen die Proteine des Eies, aber die Konsistenz bleibt cremig und wird nie gummiartig oder sandig. Dennoch empfehle ich Ihnen, es einmal in jedem Programm auszuprobieren, ob Sie dieses Ergebnis auch in Ihrer Spülmaschine erzielen können, sodass Sie diese möglichst auch zum Eierkochen benutzen können.

GEMÜSE

Gemüse gart in der Spülmaschine nicht vollständig durch und bewahrt dadurch Biss und wertvolle Nährstoffe, die bei anderen Garmethoden schnell verloren gehen können. Insbesondere Spargel, Zucchini, Mangold, Spinat, Paprika und Frühlingszwiebeln können auf diese Art wunderbar aromatisch zubereitet werden.

PILZE

Auch Pilze kann man in der Spülmaschine garen. Zuvor müssen sie geputzt und klein geschnitten werden. So erhalten Sie Pilze voller Aroma, die im Eco-Programm bissfest und im Intensiv-Programm zart gegart werden.

OBST

Sie können Früchte in der Spülmaschine garen, müssen aber vorher Kerne und Stiele entfernen. Im Eco- und Normal-Programm muss das Obst in kleine Stücke geschnitten sein, im Intensiv-Programm können auch größere Stücke oder Scheiben gegart werden. Wenn Früchte vakuumverschlossen bei Niedrigtemperatur gegart werden, ändern sie ihre Konsistenz und werden durchscheinend, ohne jedoch Nährwerte und Geschmack zu verlieren.

GETREIDE & HÜLSENFRÜCHTE

Niedrigtemperaturen sind für Getreide und Hülsenfrüchte nicht geeignet, sie müssen bei über 85 °C gekocht werden. Sie können deshalb nicht in der Spülmaschine gegart werden, aber sie lassen sich in gekochtem Zustand beispielsweise wunderbar unter eine Terrine mischen.

DER GEDECKTE TISCH

Wenn Sie servieren, ersetzen die Gläser den Teller, denn die Gerichte kann man direkt aus dem Glas essen, ohne sie vorher umzuschichten. Wenn die Glasbehälter aus der Spülmaschine kommen, sind sie sehr heiß und halten somit auch das Gericht warm, geben Sie aber acht, sich nicht zu verbrennen.
Die Gläser sind durchaus auch eine Serviermöglichkeit, wenn Sie viele Gäste haben, sie lassen sich in ein elegantes Abendessen ebenso einbinden wie in ein gemütliches Essen unter Freunden. In vielen, auch gehobenen Restaurants erfreuen sie sich großer Beliebtheit. Im Vakuumbeutel gegarte Zutaten müssen Sie jedoch aus dem Beutel nehmen und kurz in der Pfanne braten. Wenn Sie diese Gerichte auf vorgewärmten Tellern und mit warmen Saucen servieren, bleiben sie länger heiß. Sollten sie irritiert vor diesen Vakuumbeuteln stehen, so seien Sie versichert, dass Sie sehr wahrscheinlich schon mehr als einmal ein auf diese Weise zubereitetes Gericht gegessen haben, denn diese Garmethode ist weitverbreitet – vor allem in der gehobenen Küche.

SONSTIGE PROGRAMME

Je nach Modell gibt es bei den meisten Spülmaschinen noch andere Programme, die wir bisher nicht erwähnt haben. Manche haben einen extra Nachspülgang, ein Spezialprogramm für Gläser oder ein Einweich- und Vorspülprogramm. Sie sind für das Garen weniger geeignet, können aber dennoch in der Küche nützlich sein. Die Wärme der Spülmaschine kann durchaus genutzt werden, um Gerichte warm zu halten, Speisen aufzuwärmen oder den Brotteig aufgehen zu lassen. Probieren Sie es aus und finden Sie neue Wege, die thermische Energie Ihrer Spülmaschine täglich zu nutzen.

Die Piktogramme in den Rezepten

Verwendeter Behälter

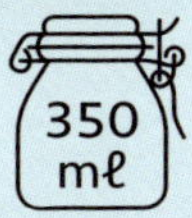

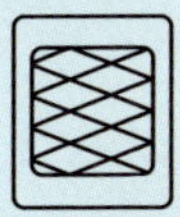

Für das Garen in der Spülmaschine werden Glasbehälter mit Deckel oder kochfeste Vakuumbeutel verwendet. Die Zahl im Piktogramm des Glases gibt das benötigte Fassungsvermögen an. Wir benutzen hauptsächlich Gläser mit 150 ml, 250 ml, 300 ml, 350 ml und 1500 ml Volumen. Alle Rezepte sind für vier Personen berechnet, Sie brauchen also immer vier Gläser, außer in den Rezepten, die ein Glas von 1500 ml Inhalt benutzen. Für das Garen im Vakuumbeutel reicht hingegen ein Beutel.

Aufbewahrung

Diese Piktogramme zeigen Ihnen, innerhalb welcher Zeit nach dem Garen das Gericht verzehrt werden kann. Mollusken werden beispielsweise am besten sofort verzehrt (siehe Piktogramm „sofort"), Fisch innerhalb 1 Tages und wiederum andere Gerichte innerhalb von 3 Tagen.

PROGRAMM

EXPRESS

(30 MINUTEN)

Das für nur wenig verschmutztes Geschirr vorgesehene Express-Programm eignet sich bestens zum Garen kleiner Fische oder Fischfilets. Auch Thunfischscheiben werden Ihnen hiermit sehr gut gelingen, besonders vom Kleinen oder Weißen Thun – er wird gut durchgegart und bleibt innen besonders zart.

MEERBARBE AUF GEMÜSE-CAPONATA

4 x 250 ml   1

- → 800 G MEERBARBEN
- → 4 SCHALOTTEN
- → 2 TOMATEN
- → 1 ROTE PAPRIKA
- → 1 GELBE PAPRIKA
- → 1 AUBERGINE
- → GEMISCHTE KRÄUTER (BASILIKUM, THYMIAN, OREGANO, MAJORAN)
- → ESSIG
- → NATIVES OLIVENÖL EXTRA
- → SALZ
- → GROBKÖRNIGES SALZ
- → PFEFFER

Das Gemüse waschen. Schalotten und Tomaten vierteln. Die Paprika halbieren, Stiel, Kerne und weiße Trennwände innen entfernen (ist so besser verdaulich). Aubergine und Paprika in 3 cm große Würfel schneiden. Die Auberginenwürfel in ein Sieb geben, mit grobem Salz bestreuen und 1 Stunde ziehen lassen. In der Zwischenzeit 1 Esslöffel Olivenöl in einer Pfanne erhitzen und Schalotten, Paprika und Tomaten darin sautieren. Dann bei mittlerer Hitze 10 Minuten köcheln lassen, vom Herd nehmen und beiseitestellen. Die Auberginen ausdrücken und trocken tupfen. Die Pfanne erneut auf den Herd stellen, 1 Esslöffel Öl zugießen und stark erhitzen. Die Auberginenstücke darin gut anbraten. In einer Schüssel mit dem restlichen Gemüse vermengen, 1 Esslöffel Essig hinzugeben und mit Salz würzen. Die Kräuter klein hacken. Die Meerbarben gut waschen, entschuppen und ausnehmen, dann filetieren und trocken tupfen. Erneut Öl in die Pfanne gießen und die Fischfilets auf hoher Stufe für einige Sekunden von jeder Seite anbraten. Die Gemüse-Caponata auf die Gläser verteilen. Die Meerbarbenfilets in der Kräutermischung wälzen und auf das Gemüse legen. Mit Salz und Pfeffer würzen und mit einigen Tropfen Olivenöl abrunden. Die Gläser verschließen und zum Geschirr in die Spülmaschine geben. Das Express-Programm starten. Wenn das Programm beendet ist, können die Meerbarben sofort serviert oder im Kühlschrank aufbewahrt werden.

↖ Meerbarbe auf Gemüse-Caponata

MAKRELE IN GERÖSTETER KÖRNERKRUSTE

1

→ 4 MAKRELEN (À CA. 400 G)
→ 1 EL SESAMSAAT
→ 1 EL KÜRBISKERNE
→ 1 EL SONNENBLUMENKERNE
→ 1 EL LEINSAMEN
→ NATIVES OLIVENÖL EXTRA
→ SALZ
→ PFEFFER

Beilage:
→ GEMISCHTER BLATTSALAT
→ SENF
→ WEISSWEINESSIG
→ NATIVES OLIVENÖL EXTRA
→ SALZ
→ PFEFFER

Eine Pfanne erhitzen und alle Körner und Saaten darin unter Rühren langsam rösten. Die Makrelen ausnehmen und waschen, dann filetieren. Die Makrelenfilets trocken tupfen, mit Öl bestreichen und in der gerösteten Körnermischung wälzen. Dabei darauf achten, dass die Körner gut an allen Seiten haften bleiben. Die Filets in einen Vakuumbeutel (alternativ auch vier) legen, vakuumieren und im Express-Programm garen. Sollten die Fische nicht sofort verzehrt werden, müssen sie möglichst schnell in den Kühlschrank gelegt werden. Vor dem Servieren etwas Öl in eine Pfanne gießen und erhitzen. Dann den Beutel öffnen und die Fischfilets vorsichtig in die Pfanne legen. Von beiden Seiten anbraten, behutsam umdrehen, damit die Körner nicht abfallen. Mit Salz und Pfeffer würzen und auf einen Servierteller legen. Mit gemischtem Blattsalat servieren, dazu eine Sauce reichen, die aus 1 Esslöffel Senf, 2 Esslöffeln Olivenöl, Salz, Pfeffer und einigen Tropfen Essig angerührt wird.

Makrele in gerösteter Körnerkruste ↗

Seebarsch im Mohnmantel auf Creme von gelber Paprika ↑

SEEBARSCH IM MOHN-MANTEL AUF CREME VON GELBER PAPRIKA

- → 4 SEEBARSCHFILETS (INSG. CA. 500 G)
- → 2 GELBE PAPRIKA
- → 1 KNOBLAUCHZEHE
- → KRÄUTER
- → MOHNSAAT
- → NATIVES OLIVENÖL EXTRA
- → SALZ
- → PFEFFER

Die Filets waschen, mit Öl bestreichen und im Mohn wälzen. Gut andrücken. Dann die Filets in einen Vakuumbeutel legen, den zerdrückten Knoblauch hinzugeben und vakuumieren. In die Spülmaschine legen und im Expressgang garen. Währenddessen die Paprika waschen, trocken tupfen und unter einen Grill legen. Öfter wenden, damit sie von allen Seiten rösten. In eine Papiertüte legen und verschließen. 5 Minuten ruhen lassen, dann die Haut abziehen und Kerne und Stängel entfernen. Die Paprika grob pürieren, mit Kräutern, Salz und Pfeffer würzen und mit Olivenöl cremig rühren. Am Ende des Expressgangs den Beutel aus der Spülmaschine nehmen und in den Kühlschrank legen, falls der Fisch nicht sofort verzehrt wird. Vor dem Servieren den Beutel öffnen. Etwas Öl in einer Pfanne erhitzen und den Seebarsch darin von beiden Seiten kurz anbraten. 1 Löffel Paprikacreme auf jeden Teller geben. Die Fischfilets auf der Paprikacreme anrichten. Mit 1 Prise Salz und einigen Tropfen Olivenöl abrunden und servieren.

ROTBRASSE MIT CIME DI RAPA

- → 4 ROTBRASSEN
- → 500 G CIME DI RAPA (STÄNGELKOHL)
- → WEISSWEIN
- → 1 KNOBLAUCHZEHE
- → 1 FRISCHE CHILI
- → NATIVES OLIVENÖL EXTRA
- → SALZ
- → PFEFFER

Die Rotbrassen entschuppen, ausnehmen, waschen und trocken tupfen. Dann filetieren, ohne die Haut zu entfernen. Die Filets salzen, pfeffern, in einen Vakuumbeutel legen und etwas Olivenöl darüberträufeln. Den Beutel vakuumieren, in die Spülmaschine legen und das Express-Programm einschalten. In der Zwischenzeit den Stängelkohl waschen, in grobe Stücke schneiden und 5 Minuten dämpfen. Nach Ende des Spülprogramms 1 Esslöffel Öl in einer Pfanne erhitzen, Knoblauch und Chili darin schwenken. Den Stängelkohl hinzugeben und sautieren. Die Fischfilets aus dem Beutel nehmen und mit in die Pfanne legen. Mit etwas Weißwein ablöschen, mit Salz würzen und servieren.

TINTENFISCH MIT CHILI, KNOBLAUCH & INGWER

4 x 250 ml

- → 400 G TINTENFISCH
- → SCHARFES CHILIPULVER
- → 2 KNOBLAUCHZEHEN
- → 1 STÜCK FRISCHE INGWERWURZEL
- → NATIVES OLIVENÖL EXTRA
- → SALZ
- → PFEFFER

Die Tintenfische waschen und trocken tupfen. Jeweils den Kopf vom Körper abziehen, Schulp und Innereien entfernen. Die Tentakel unter den Augen abschneiden und die Kauwerkzeuge entfernen. Etwas Öl in einer Pfanne erhitzen und die Tintenfischkörper mit den Tentakeln darin von allen Seiten ein paar Sekunden anbraten. In Stücke schneiden und auf die Gläser verteilen. Den Knoblauch, ohne zu schälen, halbieren, in jedes Glas eine halbe Zehe geben. Mit 1 Prise Chilipulver, Salz, Pfeffer und etwas geriebenem Ingwer würzen und mit Olivenöl beträufeln. Die Gläser gut verschließen, in die Spülmaschine stellen und im Express-Programm garen. Servieren.

THUNFISCH MIT ZITRUSAROMA

- → 450 G KLEINER THUN AM STÜCK
- → SCHALE UND SAFT VON ½ ZITRONE
- → SCHALE UND SAFT VON ½ ORANGE
- → 2 EL HONIG
- → 2 EL NATIVES OLIVENÖL EXTRA
- → SALZ
- → PFEFFER

Der Kleine Thun (Thonine) ist gegenwärtig noch nicht überfischt und deshalb, falls im Handel erhältlich, eine gute Alternative für alle, die zarten Fisch mit wenig Gräten mögen, wie Roten oder Gelbflossen-Thun. Den Thunfisch waschen und von der Haut befreien. Öl und Honig in einer Schale vermischen. Von der Zitrone die Schale mit einem Zestenschneider in Streifen abziehen und zum Honig-Öl-Gemisch geben. Den Thunfisch in einen Vakuumbeutel legen und die Zitrusmischung darübergeben. Den Beutel vakuumieren, in die Spülmaschine legen und im Express-Programm garen. Am Ende des Programms den Fisch in den Kühlschrank stellen, wenn er nicht sofort verzehrt wird. Vor dem Servieren den Beutel öffnen und den Sud in einem kleinen Topf auffangen, Zitronen- und Orangensaft hinzugeben und reduzieren, bis die Sauce karamellisiert. Eine Pfanne erhitzen und den Thunfisch darin von allen Seiten kurz anbraten. Dann in dünne Scheiben schneiden und auf Tellern anrichten. Mit der Zitrussauce überträufeln, mit Salz und Pfeffer würzen und servieren.

↑ Thunfisch mit Zitrusaroma

SEEZUNGE MIT GRÜNEN BOHNEN & SESAM

1

- → 4 SEEZUNGEN
- → 200 G GRÜNE BOHNEN
- → 1 HANDVOLL SESAMSAAT
- → SAFT VON 1 ZITRONE
- → NATIVES OLIVENÖL EXTRA
- → SALZ
- → PFEFFER

Die Seezungen waschen, trocken tupfen und dann filetieren, ohne die Haut abzuziehen. Die Filets in einen Vakuumbeutel legen. Die grünen Bohnen waschen, die Spitzen abschneiden und die Fäden abziehen. Die Bohnen in einen Vakuumbeutel geben. Beide Beutel vakuumieren, in die Spülmaschine legen und im Express-Programm garen. Wenn das Programm beendet ist, die Beutel öffnen. Den Sesam in einer Pfanne leicht anrösten und beiseitestellen. Etwas Öl in einer Pfanne erhitzen. Die Seezungenfilets mit der Hautseite nach unten darin anbraten. Zusammen mit den Bohnen auf Tellern anrichten. Dann eine Zitronette zubereiten: Den Zitronensaft in eine Schüssel geben und 2 Esslöffel Olivenöl tröpfchenweise mit dem Schneebesen einarbeiten. Mit Salz und Pfeffer abschmecken. Die Sauce über Seezunge und Bohnen gießen. Mit dem gerösteten Sesam bestreuen und servieren.

WÜRFEL VOM WEISSEN THUN MIT NEUEN KARTOFFELN & JOGHURTSAUCE

4 x 300 ml

1

- → 400 G WEISSER THUN AM STÜCK
- → 1 KG NEUE KARTOFFELN
- → THYMIAN
- → DILL
- → 2 KNOBLAUCHZEHEN
- → NATIVES OLIVENÖL EXTRA
- → SALZ
- → PFEFFER
- → ½ GLAS WEISSWEIN

Sauce:

- → 250 G NATURJOGHURT
- → 1 KNOBLAUCHZEHE
- → SAFT VON ½ ZITRONE
- → THYMIAN
- → DILL
- → NATIVES OLIVENÖL EXTRA
- → SALZ
- → PFEFFER

Der Weiße Thun oder Langflossenthunfisch ist wie der Kleine Thun noch nicht überfischt und hat zartes, hochwertiges Fleisch. Den Thunfisch waschen, trocken tupfen, dann Haut und eventuelle Gräten entfernen und in 4 cm große Würfel schneiden. Thymian und Dill mit Salz und Pfeffer im Mörser zerstoßen. Die Thunfischwürfel mit etwas Olivenöl einreiben und in der Kräutermischung wälzen. Etwas Öl in einer Pfanne erhitzen, die Thunfischwürfel darin von allen Seiten kurz anbraten und anschließend auf die Gläser verteilen. Mit einigen Tropfen Olivenöl und dem Weißwein beträufeln, salzen, pfeffern und die Gläser gut verschließen. In die Spülmaschine stellen und das Express-Programm starten. In der Zwischenzeit die Kartoffeln zubereiten: Die Kartoffeln waschen und trocken tupfen. In einem Schnellkochtopf etwa 10 Minuten nach Erreichen der Kochtemperatur garen. In einer großen Pfanne 2 Esslöffel Öl erhitzen, den Knoblauch zerdrücken und hinzugeben. Die Kartoffeln mit einigen Thymianblättern in die Pfanne geben und anbraten. Für die Joghurtsauce den Knoblauch durch die Knoblauchpresse in eine Schale drücken, dann mit Joghurt, Olivenöl, Zitronensaft, Thymian, Dill, Salz und Pfeffer verrühren. Am Ende des Express-Programms die Gläser aus der Spülmaschine nehmen, auf einem Servierteller anrichten und mit Kartoffeln und Joghurtsauce servieren. Sollte nicht sofort gegessen werden, können die Thunfischgläser im Kühlschrank aufbewahrt und vor dem Essen in der Mikrowelle erhitzt werden (ohne Deckel).

FRÜHLINGSMENÜ

Ein ausschließlich mit saisonalen Produkten zubereitetes, leichtes und geschmackvolles Menü. Als Vorspeise gibt es Miesmuscheln, die zu den nachhaltigsten unter den Meeresprodukten zählen. Sie werden hier vielleicht nicht traditionell gegart, aber nach traditionellem Rezept zubereitet. Danach gibt es eine Zahnbrasse, die, so gegart, ganz zart bleibt, und schließlich ein Schlemmerdessert aus Erdbeeren, das ganz einfach zuzubereiten ist.

MIESMUSCHEL-IMPEPATA

4 x 300 mℓ | SOFORT

- → 1 KG MIESMUSCHELN
- → 4 KNOBLAUCHZEHEN
- → 2 ZITRONEN
- → PETERSILIE
- → NATIVES OLIVENÖL EXTRA
- → SALZ
- → GANZE PFEFFERKÖRNER

Beilage:

- → GERÖSTETE WEISSBROTSCHEIBEN
- → KNOBLAUCH
- → NATIVES OLIVENÖL EXTRA
- → SALZ
- → PFEFFER

Die Muscheln bürsten, waschen und die Bärte entfernen. 2 Esslöffel Öl in einem großen Topf stark erhitzen. Die Miesmuscheln hineingeben und garen, bis sie sich öffnen. Den Sud durch ein sehr feines Sieb abgießen und beiseitestellen. Die Zitronen waschen und in feine Scheiben schneiden. 1 Zitronenscheibe in jedes Glas legen. Die Hälfte der Miesmuscheln aus ihren Schalen lösen. Dann ausgelöstes Muschelfleisch und Miesmuscheln in der Schale gleichmäßig auf die Gläser verteilen. 4 Knoblauchzehen mit einem Messer zerdrücken und jeweils 1 in ein Glas geben. Den Sud auf die Gläser verteilen. Mit frisch zerstoßenem oder gemahlenem Pfeffer, 1 Prise Salz, den verbliebenen Zitronenscheiben und gehackter Petersilie würzen. Die Gläser gut verschließen und in der Spülmaschine anordnen. Das Express-Programm starten. Sofort im Glas servieren. Geröstete Weißbrotscheiben mit 1 rohen Knoblauchzehe einreiben, mit Olivenöl beträufeln, mit Salz und Pfeffer würzen und zum Gericht reichen.

↙ Miesmuschel-Impepata

ZAHNBRASSE MIT OLIVEN & ENDIVIEN

1

- → 450 G ZAHNBRASSENFILET
- → 1 HANDVOLL GRÜNE OLIVEN
- → 2 ENDIVIENSALATE
- → 1 FRÜHLINGSZWIEBEL
- → NATIVES OLIVENÖL EXTRA
- → SALZ
- → PFEFFER

Die Zahnbrassenfilets in einen Vakuumbeutel legen. Darüber ein paar Tropfen Olivenöl sowie Salz und Pfeffer geben. Den Beutel vakuumieren, in die Spülmaschine legen und das Express-Programm starten. Wenn das Programm beendet ist, kann das Gericht fertiggestellt oder der Fisch bis zum Verzehr am nächsten Tag in den Kühlschrank gelegt werden. Vor dem Servieren etwas Öl in einer Pfanne auf niedriger Stufe erhitzen, die klein gehackte Frühlingszwiebel zugeben und dünsten. Nach einigen Minuten

Zahnbrasse mit Oliven & Endivien ↓

Erdbeerkompott mit zerbröseltem Baiser ↓

die Oliven hinzugeben und sautieren. In der Zwischenzeit die Salatköpfe je der Länge nach halbieren, dann waschen und trocken tupfen, ohne die Blätter auseinanderzuzupfen. In die Pfanne legen, mit ein wenig Olivenöl beträufeln, salzen, pfeffern und bei niedriger Hitze etwa 5 Minuten schmoren. Den Vakuumbeutel öffnen und die Fischfilets schnell in einer heißen Pfanne mit ein wenig Öl anbraten. Dann auf Tellern anrichten, Endiviensalathälften und Olivenmischung darübergeben, mit ein paar Tropfen Olivenöl beträufeln und servieren.

ERDBEERKOMPOTT MIT ZERBRÖSELTEM BAISER

4 x 150 ml | 3

- → 250 G ERDBEEREN
- → 50 G BAISER
- → 1 EL ZUCKER
- → SAFT VON ½ ZITRONE
- → EINIGE MINZEBLÄTTER

Die Erdbeeren putzen und in Würfel schneiden. Zusammen mit Zucker und Zitronensaft in einen kleinen Topf geben und etwa 5 Minuten unter leichtem Rühren kochen. Das Baiser zerbröseln und die Hälfte auf den Boden der Gläser verteilen. Je ein Viertel des Erdbeerkompotts in ein Glas füllen und mit den restlichen Baiserbröseln bestreuen. Einige Minzeblätter darauflegen, die Gläser gut verschließen und in die Spülmaschine stellen. Das Express-Programm starten. Nach Ablauf des Programms servieren oder bis zum späteren Verzehr in den Kühlschrank stellen.

PROGRAMM

ECO

Das Programm für den täglichen Abwasch und das tägliche Kochen. Es ist bestens für leicht verschmutztes Geschirr geeignet und ideal, um Fleisch zu garen, da es bei niedriger Temperatur und langer Garzeit zart und saftig wird.

ROASTBEEF MIT KRÄUTERN

3

- 500 G ROASTBEEF
- 1 KNOBLAUCHZEHE
- 1 ZWEIG ROSMARIN
- THYMIAN
- MAJORAN
- SPEISESTÄRKE
- ½ GLAS WEISSWEIN
- NATIVES OLIVENÖL EXTRA
- SALZ
- PFEFFERKÖRNER

Das Fleisch von Fettstücken befreien, dann mit Olivenöl bestreichen. Knoblauch, Rosmarin, Thymianblätter, Majoran, Salz und Pfefferkörner im Mörser zerstoßen. Das Fleisch mit dieser Kräutermischung gut einreiben und in einen Vakuumbeutel legen, vakuumieren und im Eco-Programm garen. Nach Ende des Programms das Roastbeef bis zum Verzehr im Kühlschrank aufbewahren, höchstens jedoch 3 Tage. Vor dem Servieren das Fleisch aus dem Beutel nehmen. Etwas Öl in einer Pfanne stark erhitzen. Das Fleisch kurz von allen Seiten anbraten. Den Saft aus dem Beutel in einen kleinen Topf gießen. 1 Messerspitze Speisestärke und Wein einrühren, erhitzen und auf die Hälfte einkochen. Das Roastbeef in feine Scheiben schneiden, mit der Bratensauce überziehen und dazu Gemüse der Saison servieren.

RINDERROULADEN MIT SENF

3

- 400 G IN DÜNNE SCHEIBEN GESCHNITTENES MAGERES RINDFLEISCH (Z. B. AUS DER SCHULTER)
- 2 EL SENF
- NATIVES OLIVENÖL EXTRA
- BALSAMICO-ESSIG
- SALZ
- PFEFFER

Die Rindfleischscheiben auf einen Teller legen und großzügig mit dem Senf bestreichen. Dann die Fleischscheiben einrollen. Vorsichtig in einen Vakuumbeutel legen und vakuumieren. Erst in die Spülmaschine geben, wenn das Eco-Programm gestartet wird. Nach Ende des Programms den Beutel aus der Spülmaschine nehmen und bis kurz vor dem Verzehr in den Kühlschrank legen. Das Fleisch kann dort bis zu 3 Tage aufbewahrt werden. Vor dem Servieren etwas Olivenöl in einer Pfanne erhitzen und die Rouladen schnell von allen Seiten darin anbraten. Die fertigen Rouladen auf ein Schneidebrett legen, halbieren und auf vier Teller verteilen. Mit Salz und Pfeffer würzen und etwas Balsamico darüberträufeln. Servieren Sie die Rouladen mit einer zur Jahreszeit passenden Gemüsebeilage.

CATALANA VON KRUSTENTIEREN

4 x 300 ml 1

- 8 RIESENGARNELEN
- 8 FANGSCHRECKENKREBSE (ODER TASCHENKREBSE)
- 1 FRÜHLINGSZWIEBEL
- 2 KAROTTEN
- 2 SELLERIESTANGEN
- 1 PAPRIKA
- ESSIG
- NATIVES OLIVENÖL EXTRA
- SALZ
- PFEFFER

Die Garnelen und Krebse sollten ganz frisch sein. Für eine Catalana behalten die Krustentiere normalerweise ihre Schale, aber damit es einfacher wird, dieses Gericht eventuell auch aus dem Glas oder im Stehen essen zu können, werden sie hier ausgelöst. Sollte es zu schwierig sein, die rohen Krustentiere auszulösen, können sie vorher kurz abgebrüht werden. Den Kopf der Garnelen abziehen, den Schwanz aus der Schale lösen und den schwarzen Darm entlang dem Rücken entfernen. Die Krebspanzer aufschneiden und das Fleisch auslösen. Dieses Gericht kann alternativ auch mit Hummer, Furchenkrebsen oder Taschenkrebsen zubereitet werden. Das Gemüse waschen, die Frühlingszwiebel in dünne Ringe und das restliche Gemüse in feine Stifte schneiden. Das Gemüse auf die Glasbehälter verteilen. Die Krustentiere auf dem Gemüse anordnen, etwas Olivenöl darüberträufeln und salzen. Die Gläser fest verschließen, in die Spülmaschine geben und das Eco-Programm starten. Nach Ende des Spülgangs die Gläser aus der Maschine nehmen. Die Catalana kann sofort verzehrt oder einige Stunden im Kühlschrank aufbewahrt werden. Vor dem Servieren Olivenöl, Essig, Salz und Pfeffer verrühren und das Gericht mit dieser Sauce anmachen.

Catalana von Krustentieren ↘

RINDERHÜFTE MIT STEINPILZEN

3

- → 500 G RINDERHÜFTFLEISCH
- → 500 G STEINPILZE
- → ROTWEIN
- → 1 WACHOLDERBEERE
- → 1 KNOBLAUCHZEHE
- → 1 BUND PETERSILIE
- → NATIVES OLIVENÖL EXTRA
- → SALZ
- → PFEFFERKÖRNER

Das Fleisch in einen Vakuumbeutel legen, 2 Esslöffel Rotwein, 1 Wacholderbeere und 2 Pfefferkörner hineingeben. Den Beutel vakuumieren und in die Spülmaschine legen, dann im Eco-Programm garen. Die Pilze säubern und in kleine Würfel schneiden. Knoblauch und Petersilie fein hacken. 1 Esslöffel Öl in einer Pfanne erhitzen, Knoblauch und Petersilie zugeben und andünsten. Die Steinpilze zufügen und alles etwa 5 Minuten sautieren. Etwas Rotwein zugießen und reduzieren. Nach Ende des Spülprogramms den Beutel aus der Maschine nehmen und bis zum Verzehr im Kühlschrank aufbewahren. Vor dem Servieren das Fleisch kurz zur Pilzmischung in die Pfanne geben und anbraten. Dann das Fleisch in feine Scheiben schneiden, salzen und mit frisch gemahlenem Pfeffer würzen. Mit der Pilzmischung auf Tellern anrichten und sofort servieren.

FRÜHJAHRSMENÜ

Bei diesem Menü wird nichts von den Zutaten weggeworfen. Von den Erbsen werden sowohl die Samen als auch die Hülsen verwendet. Sie können das Menü abends in der Spülmaschine garen und die Gänge am nächsten Tag servieren oder die Gerichte einzeln genießen. Das Couscous kann ein leichtes Mittagessen bilden, der Steinbutt mit Creme aus Erbsenhülsen ein Abendessen mit einem Schlemmerdessert aus Kirschen, Sahne und Plstazien.

↙ Couscous mit Zucchini, Erbsen & Minze

COUSCOUS MIT ZUCCHINI, ERBSEN & MINZE

4 x 350 ml 3

- → 200 G COUSCOUS
- → 2 KLEINE ZUCCHINI
- → 350 G FRISCH ENTHÜLSTE ERBSEN
- → FRISCHE MINZEBLÄTTER
- → 1 ROTE FRÜHLINGSZWIEBEL
- → 2 GLÄSER GEMÜSEBRÜHE
- → NATIVES OLIVENÖL EXTRA
- → SALZ
- → PFEFFER

Die Zwiebel in Ringe schneiden. Die Zucchini waschen und in Würfel schneiden. 1 Esslöffel Öl in einer Pfanne erhitzen und die Zwiebel darin dünsten. Die Zucchini zugeben und 5 Minuten braten. Mit der Gemüsebrühe ablöschen und aufkochen. Erbsen und Minze zufügen und 5 Minuten kochen. In jedes Glas 50 g Couscous und Gemüse mit Brühe geben. Etwas Olivenöl darüberträufeln, mit Salz und Pfeffer würzen, umrühren und die Gläser gut verschließen. In die Spülmaschine stellen und das Eco-Programm starten. Servieren oder das Couscous in den Kühlschrank stellen. Es kann bis zu 3 Tage aufbewahrt werden.

STEINBUTT AUF PORREEBETT MIT ERBSENHÜLSENCREME

1

- → 450 G STEINBUTTFILET
- → ETWA 800 G AUSGEPALTE ERBSENHÜLSEN
- → WEISSWEIN
- → THYMIAN
- → 1 PORREESTANGE
- → 1 EL BUTTER
- → NATIVES OLIVENÖL EXTRA
- → SALZ
- → PFEFFER
- → GEMISCHTE SPROSSEN

Steinbutt auf Porreebett mit Erbsenhülsencreme ↓

Möchten Sie einen ganzen Fisch kaufen, reicht ein Steinbutt von etwas über 1 kg, ansonsten werden 2 Fischfilets benötigt. Den Steinbutt waschen, die Haut abziehen und den Fisch gegebenenfalls filetieren. Die Filets in einen Vakuumbeutel legen, mit Olivenöl bestreichen, etwas Weißwein dazugießen und mit Salz, Pfeffer und Thymian würzen. Den Beutel vakuumieren und im Eco-Programm garen. Währenddessen die Erbsenhülsencreme zubereiten. Die Hülsen waschen und die Stiele abknipsen. Dann 10 Minuten im Dampfkochtopf (oder 5 Minuten im Schnellkochtopf) garen, anschließend in kleine Stücke schneiden. Den Porree waschen und den weißen vom grünen Teil trennen. Den grünen Teil in sehr feine, den weißen Teil in etwas gröbere Ringe schneiden. Die Butter mit 1 Esslöffel Olivenöl in einer Pfanne zerlassen und den grünen Teil des Porrees bei geringer Hitze einige Minuten dünsten. Die zerkleinerten Erbsenhülsen dazugeben, salzen, pfeffern und etwa 3 Minuten sautieren. Dann alles durch ein Gemüsesieb passieren, mit Salz abschmecken und die fertige Creme bis zum Verzehr in den Kühlschrank stellen. Nun in der gleichen Pfanne etwas Öl erhitzen, die weißen Porreeringe hineingeben, ein halbes Glas Wein und 2 Esslöffel Wasser zugießen. Auf kleiner Stufe kochen, bis die gesamte Flüssigkeit verdunstet ist. Vor dem Servieren die Steinbuttfilets zum Porree in die Pfanne legen, salzen, pfeffern und von beiden Seiten anbraten. Die Erbsenhülsencreme in der Mikrowelle oder einem kleinen Topf erwärmen. Den Porree auf die Teller verteilen und die Steinbuttfilets darauf anrichten. Auf jedes Filet 1 Esslöffel Erbsenhülsencreme geben, mit Sprossen garnieren und mit einigen Tropfen Olivenöl abrunden. Sofort servieren.

KIRSCHEN MIT SAHNE & PISTAZIEN

4 x 150 ml | 3

- → 600 G FRISCHE KIRSCHEN
- → 100 G SAHNE
- → 1 HANDVOLL PISTAZIEN
- → 2 EL PUDERZUCKER
- → SAFT VON ½ ZITRONE

Die Kirschen waschen und trocken tupfen, halbieren und entsteinen. In einer Schale die Kirschen mit 1 Esslöffel Puderzucker und dem Zitronensaft vermischen und dann auf die Gläser aufteilen. Die Gläser gut verschließen, in die Spülmaschine stellen und das Eco-Programm starten. Nach Ende des Programms die Gläser entnehmen und in den Kühlschrank stellen, falls nicht sofort serviert wird. Die beste Serviertemperatur für dieses Dessert ist lauwarm. Vor dem Servieren die Pistazien grob hacken oder zerstoßen. Die Sahne mit dem verbliebenen Puderzucker steif schlagen. In jedes Glas 1 Löffel Sahne füllen und mit gehackten Pistazien bestreuen, dann sofort servieren.

↓ Kirschen mit Sahne & Pistazien

SOMMERMENÜ

Dieses Menü ist einfach zuzubereiten und ideal für ein sommerliches Abendessen mit Freunden oder für einen speziellen Anlass. Stellen Sie sich ein schönes Abendessen auf der Terrasse vor, bei dem Sie sich nicht um die Töpfe auf dem Herd sorgen, sondern jeden Gang zusammen mit Ihren Gästen genießen, ohne ständig in die Küche rennen zu müssen. Sie öffnen nur die Spülmaschine und servieren. Schließen Sie die Spülmaschine nach Entnahme der einzelnen Gänge wieder, damit die restlichen Gerichte warm bleiben.

GARNELENSALAT MIT GEMÜSE-JULIENNE

4 x 300 ml | 1

→ 16 GARNELEN
→ 1 PAPRIKA
→ 1 SELLERIESTANGE
→ 1 KAROTTE
→ 1 TOMATE
→ 1 FRÜHLINGSZWIEBEL
→ WEINESSIG
→ NATIVES OLIVENÖL EXTRA
→ SALZ
→ PFEFFER

Das Gemüse waschen und trocken tupfen. Die Paprika halbieren, Kerne und weiße Trennwände entfernen. Sellerie und Karotte in sehr feine Stifte schneiden. Frühlingszwiebel und Tomate in Stücke schneiden. Das Gemüse mit Olivenöl, Salz, Pfeffer und einigen Tropfen Essig würzen. Die Gemüsemischung auf die Gläser verteilen und die bereits ausgelösten Garnelen darauflegen. Mit etwas Olivenöl beträufeln, salzen, pfeffern und die Gläser gut verschließen. Die Gläser in die Spülmaschine stellen und im Eco-Programm garen. Im Kühlschrank aufbewahren, falls nicht sofort serviert wird. Die Gläser können lauwarm oder kalt serviert werden.

Garnelensalat mit Gemüse-Julienne ↓

BONITO MIT OLIVENPESTO

1

→ 450 G ATLANTISCHER BONITO
→ 150 G SCHWARZE OLIVEN
→ 150 G GRÜNE OLIVEN
→ 1 KNOBLAUCHZEHE
→ 1 HANDVOLL KAPERN
→ BASILIKUMBLÄTTER
→ NATIVES OLIVENÖL EXTRA
→ SALZ
→ PFEFFER
→ GEMISCHTER BLATTSALAT ALS BEILAGE

Die Haut vom Bonito abziehen, dann den Fisch waschen und trocken tupfen. Die Oliven entkernen. Den Knoblauch schälen und hacken. Knoblauch, Oliven, Kapern, Basilikum, Salz und Pfeffer in einen Mörser geben und zerstampfen, bis eine cremige, homogene Konsistenz entsteht. Den Bonito mit Olivenöl einreiben und mit dem Olivenpesto bestreichen, dann in einen Vakuumbeutel legen und vakuumieren. Den Beutel in der Spülmaschine platzieren und das Eco-Programm starten. Den Beutel aus der Spülmaschine nehmen und bis zum Verzehr in den Kühlschrank legen. Etwas Öl in eine Pfanne gießen, erhitzen und den Bonito von beiden Seiten anbraten. Dann den Fisch in feine Scheiben schneiden, mit ein wenig Olivenöl beträufeln, mit Salz und Pfeffer würzen und mit einem Blattsalat servieren.

WASSERMELONE MIT MINZE

- 500 G WASSERMELONE
- 1 EL ZUCKER
- FRISCHE MINZEBLÄTTER

Ein großes Stück Fruchtfleisch aus der Wassermelone auslösen und entkernen. In einem kleinen Topf ein halbes Glas Wasser mit dem Zucker zum Kochen bringen und etwa 5 Minuten kochen, bis ein Sirup entsteht. Abkühlen lassen und lauwarm über das Stück Wassermelone gießen. Die Melone in einen Vakuumbeutel legen, einige frische Blätter Minze dazugeben und vakuumieren. Den Beutel in die Spülmaschine geben und das Eco-Programm starten. Den Beutel aus der Maschine nehmen und bis zum Verzehr im Kühlschrank aufbewahren. Die gegarte Wassermelone ändert ihre Konsistenz und wird durchscheinend. Vor dem Servieren die Melone in feine Scheiben schneiden und auf Desserttellern anrichten.

↙ Bonito mit Olivenpesto

Wassermelone mit Minze ↘

HERBSTMENÜ

Dieses Essen werden Ihre Gäste nicht so schnell vergessen. Während Jakobsmuscheln, Thunfisch und Früchte in der Spülmaschine garen, haben Sie alle Zeit, sich um die Tischvorbereitungen zu kümmern. Wenn Ihre Gäste ankommen, werden sie erstaunt sein, Sie entspannt und in einer aufgeräumten Küche anzutreffen. Es hängt auch kein Kochdunst in der Luft, man könnte meinen, Sie hätten nicht selbst gekocht.

JAKOBSMUSCHELN MIT FRÜHLINGSZWIEBELN & GERÖSTETEN MANDELN

4 x 150 ml | SOFORT

- → 8 JAKOBSMUSCHELN
- → 2 FRÜHLINGSZWIEBELN
- → 60 G MANDELN
- → WEISSWEIN
- → NATIVES OLIVENÖL EXTRA
- → SALZ
- → WEISSER PFEFFER

Die Frühlingszwiebeln waschen und in feine Ringe schneiden. Die Mandeln hobeln, in einer Pfanne rösten und beiseitestellen. Etwas Olivenöl in eine Pfanne geben und die Frühlingszwiebeln darin dünsten. In eine Schale füllen und beiseitestellen. Die ausgelösten Jakobsmuscheln in der gleichen Pfanne von jeder Seite 1 Minute anbraten. Dann in jedes Glas 2 Jakobsmuscheln legen und die Frühlingszwiebeln darüber verteilen. Je einige Tropfen Olivenöl und Wein darübergießen, salzen und pfeffern. Die verschlossenen Gläser in der Spülmaschine im Eco-Programm garen. Die Gläser herausnehmen, öffnen, mit den gerösteten Mandeln bestreuen und servieren.

Jakobsmuscheln mit Frühlingszwiebeln & gerösteten Mandeln ↓

↓ Hecht mit Cannellini-Bohnen

HECHT MIT CANNELLINI-BOHNEN

4 x 300 ml | 1

- → 400 G HORNHECHT
- → 250 G GEKOCHTE CANNELLINI-BOHNEN
- → 1 SCHALOTTE
- → 12 COCKTAILTOMATEN
- → WEISSWEIN
- → NATIVES OLIVENÖL EXTRA
- → SALZ
- → PFEFFER

Den Hornhecht ausnehmen und filetieren. Die Filets waschen, trocken tupfen und in mundgerechte Stücke schneiden. Die Schalotte klein hacken, etwas Öl in eine Pfanne geben und die Schalotte darin andünsten. Die Cocktailtomaten hinzufügen und einige Minuten garen lassen, dann die Bohnen dazugeben, salzen und pfeffern. Die Fischfilets auf die Gläser verteilen und die Tomaten-Bohnen-Mischung darübergeben. Mit Weißwein beträufeln und die Gläser gut verschließen. Dann im Eco-Programm garen. Nach Ende des Programms servieren, dabei mit ein wenig Olivenöl abrunden.

SPALTEN VON HERBSTOBST, NIEDRIG GEGART

3

- → 1 BIRNE
- → 1 APFEL
- → 1 RISPE WEINTRAUBEN
- → 100 G ZUCKER

Das Obst waschen und trocken tupfen. Birne und Apfel vierteln, entkernen und in feine Spalten schneiden. Die Weintrauben vierteln. Das Obst in einen Vakuumbeutel geben und vakuumieren. Im Eco-Programm garen. Nach Ende des Programms den Beutel in den Kühlschrank legen (das gegarte Obst kann maximal 3 Tage aufbewahrt werden). Vor dem Servieren den Beutel öffnen und das Obst auf einem großen Servierteller dekorativ anrichten, Birne, Apfel und Weintrauben sollten sich abwechseln. In einem kleinen Topf 3 EL Wasser erhitzen und den Zucker darin auflösen. Bei mittlerer Hitze kochen, bis die Masse bräunlich karamellisiert, dabei nicht rühren. Den Karamell mit einer Gabel auf das Obst rinnen lassen, er soll dabei Fäden wie ein Netz ziehen. Einige Minuten abkühlen lassen und servieren.

↓ Spalten von Herbstobst, niedrig gegart

WINTERMENÜ

Dies ist ein nahrhaftes und vitaminreiches Menü, bestens geeignet für ein Abendessen mit Freunden oder Verwandten. Der Hauptgang besteht aus einer Rindfleisch-Tagliata, die anderen Gänge basieren auf Zitrusfrüchten und Wintergemüse. Das Menü kann bis zu 3 Tage im Voraus zubereitet werden, Sie können es dann mühelos in wenigen Minuten auf den Tisch zaubern.

Fruchtiges Fenchel-Carpaccio ↓

ROSMARIN-TAGLIATA MIT GEMÜSE

3

→ 800 G FLACHES ROASTBEEF (CONTREFILET)
→ 2 ZWEIGE ROSMARIN
→ 200 G TOPINAMBUR
→ 200 G WEISSKOHL
→ 2 KNOBLAUCHZEHEN
→ NATIVES OLIVENÖL EXTRA

Rosmarin-Tagliata mit Gemüse ↓

FRUCHTIGES FENCHEL-CARPACCIO

4 x 250 mℓ

3

→ 1 FRÜHLINGSZWIEBEL
→ 2 FENCHELKNOLLEN
→ 2 ORANGEN
→ NATIVES OLIVENÖL EXTRA
→ SALZ
→ PFEFFER

Orangen und Gemüse waschen und trocken tupfen. Die Orangen mit Schale in feine Scheiben schneiden. Die Frühlingszwiebel in Ringe, den Fenchel in feine Scheiben schneiden. In die Gläser Orangenscheiben, Zwiebelringe und Fenchelscheiben schichten. Mit Olivenöl beträufeln, salzen, pfeffern und die Gläser gut verschließen. Im Eco-Programm garen. Nach Ende des Programms bis zum Verzehr im Kühlschrank aufbewahren.

→ SALZ
→ PFEFFER

Rosmarin und Knoblauch fein hacken und vermengen oder im Mörser zerstoßen. Das Fleisch mit der Hälfte dieser Mischung einreiben, in einen Vakuumbeutel legen und vakuumieren. Dann in die Spülmaschine geben und im Eco-Programm garen. Das Gemüse waschen, trocken tupfen und in feine Scheiben schneiden. 1 Esslöffel Öl in eine Pfanne geben, die restliche Rosmarin-Knoblauch-Mischung zufügen und erhitzen. Dann das Gemüse zugeben und sautieren. Mit Salz und Pfeffer würzen und noch etwa 5 Minuten garen lassen. Vom Herd nehmen und eventuell bis zum Verzehr im Kühlschrank aufbewahren. Das Filet aus der Spülmaschine nehmen und ebenfalls bis zum Verzehr im Kühlschrank aufbewahren. Vor dem Servieren etwas Öl in eine Pfanne gießen und erhitzen. Den Vakuumbeutel öffnen und das Fleisch in der Pfanne von allen Seiten gut anbraten. Den Saft aus dem Beutel in einen Topf gießen, erhitzen und auf etwa die Hälfte einkochen, mit Salz würzen. Das Fleisch in Scheiben schneiden und mit Bratensauce und Gemüse servieren.

Mandarinen mit Ricotta & Haselnüssen ↑

MANDARINEN MIT RICOTTA & HASELNÜSSEN

4 x 250 ml | 3

→ 4 ODER 5 MANDARINEN
→ 200 G RICOTTA
→ 1 HANDVOLL HASELNUSSKERNE
→ SCHALE VON ½ ZITRONE
→ 140 G PUDERZUCKER

1 Mandarine zur späteren Verwendung aufbewahren. Die restlichen Mandarinen schälen und in kleine Würfel schneiden, dabei eventuelle Kerne entfernen. Es werden etwa 350 g Fruchtfleisch benötigt. 200 ml Wasser in einen Topf füllen, die Hälfte des Puderzuckers einrühren und etwa 10 Minuten bis auf die Hälfte des Volumens einköcheln. Die Mandarinen zufügen, umrühren und den Herd ausschalten. Dann die Mandarinen samt Sirup auf die Gläser verteilen, die Gläser gut verschließen und in die Spülmaschine stellen. Das Eco-Programm einschalten. Nach Ende des Programms die Gläser herausnehmen. Die Zitrone gut waschen und die Schale mit einem Zestenschneider abziehen. In eine Schüssel geben und mit dem Ricotta vermischen. Die verbliebene Mandarine auspressen. Saft und restlichen Puderzucker mit einem Schneebesen in die Ricottamischung einarbeiten, bis sich eine homogene Konsistenz ergibt. In jedes Mandarinen-Glas 1 Esslöffel der Ricottacreme geben. Die Haselnusskerne grob hacken, über die Ricottacreme streuen und servieren.

Dieses Programm kann je nach Spülmaschinenmodell auch „Automatik" heißen. Meist spült es bei 60 °C bis 65 °C und lässt sich bei neueren Maschinen auch auf die Geschirrmenge einstellen. Das Programm eignet sich für alle Rezepte und gart sowohl Fleisch- wie Fischgerichte sehr gut.

JAKOBSMUSCHELN AUF KÜRBISCREME & INGWER

4 x 250 ml 1

- → 8 JAKOBSMUSCHELN
- → 400 G KÜRBIS
- → FRISCHE INGWERWURZEL
- → 1 FRÜHLINGSZWIEBEL
- → WEISSWEIN
- → 1 GLAS GEMÜSEBRÜHE
- → NATIVES OLIVENÖL EXTRA
- → SALZ
- → PFEFFER
- → GERÖSTETE WEISSBROTSCHEIBEN ALS BEILAGE

Die ausgelösten Jakobsmuscheln waschen und trocken tupfen. Etwas Olivenöl im Schnellkochtopf erhitzen und das Muschelfleisch kurz von beiden Seiten anbraten. Den Topf vom Herd nehmen, die Jakobsmuscheln herausnehmen und beiseitestellen. Die Frühlingszwiebel waschen und trocken tupfen, in feine Ringe schneiden und im Schnellkochtopf mit 2 Esslöffeln Olivenöl andünsten. Den Kürbis schälen, entkernen (Kerne anderweitig verwenden), in Würfel schneiden, zur Frühlingszwiebel geben und einige Minuten mitbraten. Dann salzen, pfeffern und mit einem Schuss Weißwein ablöschen. Wenn der Wein verdunstet ist, die Gemüsebrühe zugießen und den Topf schließen. Nach Erreichen der Gartemperatur 15 Minuten kochen. Den Schnellkochtopf öffnen und den Inhalt mit einem Stabmixer cremig pürieren. Die Kürbiscreme auf die Gläser verteilen, die Jakobsmuscheln darauf anrichten und ein wenig frisch geriebene Ingwerwurzel darübergeben. Mit Salz und Pfeffer würzen, die Gläser gut verschließen und in die Spülmaschine stellen. Das Normal-Programm starten. Nach Ende des Programms die Gläser entnehmen und entweder im Kühlschrank aufbewahren oder sofort mit gerösteten Brotscheiben servieren.

HÄHNCHENROULADE MIT SENF-HONIG-SAUCE

3

- → 500 G ENTBEINTES HÄHNCHENFLEISCH
- → 4 EL GROBKÖRNIGER SENF
- → 1 TL HONIG
- → GEMAHLENER KÜMMEL
- → 1 KNOBLAUCHZEHE
- → NATIVES OLIVENÖL EXTRA
- → SALZ
- → GROBES SALZ
- → PFEFFER

Das Hähnchenfleisch auf einem Brett klopfen und ihm dabei eine möglichst rechteckige Form geben. Mit etwas Olivenöl bestreichen, salzen und pfeffern. Das Fleisch aufrollen und mit Küchengarn zusammenhalten. In einen Vakuumbeutel legen, Senf, Honig, Kümmel, Knoblauch und einige grobe Salzkörner hinzugeben. Alles gut in das Fleisch einmassieren. Dann den Beutel vakuumieren, in die Spülmaschine legen und das Normal-Programm starten. Den Beutel herausnehmen und öffnen. Etwas Öl in eine Pfanne geben, sehr heiß werden lassen und das Hähnchenfleisch darin von allen Seiten gut anbraten. Den Saft aus dem Beutel in einen kleinen Topf gießen, erhitzen und reduzieren. Das Fleisch in feine Scheiben schneiden und mit der Senf-Honig-Sauce servieren.

ENTENBRUST MIT GESCHMORTEM PORREE

3

- → 400 G ENTENBRUST
- → 4 KLEINE PORREESTANGEN
- → 1 KNOBLAUCHZEHE
- → THYMIAN
- → ½ GLAS WEISSWEIN
- → 2 TL SENF
- → 1 EL WEISSWEINESSIG
- → NATIVES OLIVENÖL EXTRA
- → SALZ
- → PFEFFER

Den Porree waschen, vom grünen Teil lediglich die vertrockneten Partien abschneiden. Die Porreestangen der Länge nach halbieren, dann quer durchschneiden. Den Knoblauch schälen und die Entenbrust damit einreiben. Entenbrust und Porree in einen Vakuumbeutel legen, mit etwas Olivenöl begießen und mit Salz, Pfeffer und Thymian würzen. Den Beutel vakuumieren und in die Spülmaschine legen, dann das Normal-Programm starten. Nach Ende des Programms den Beutel im Kühlschrank aufbewahren, falls nicht sofort gegessen wird. Vor dem Servieren etwas Öl in einer Pfanne erhitzen und die Entenbrust darin zunächst von der Hautseite, dann von der anderen Seite anbraten. Aus der Pfanne nehmen und warm stellen. Porree und Saft aus dem Beutel in die Pfanne geben. Zusammen mit dem Wein bei kleiner Hitze 5 Minuten schmoren. Aus Senf, Essig, Salz, Pfeffer und 1 Esslöffel Olivenöl eine Sauce rühren. Die Entenbrust in feine Scheiben schneiden und mit dem Porree auf einer Servierplatte anrichten. Die Senfsauce darüber verteilen und servieren.

MUSCHELN IN SAFRANSUD

4 x 300 ml | SOFORT

→ 16 BRAUNE VENUSMUSCHELN
→ 300 G VENUSMUSCHELN
→ 300 G STUMPFMUSCHELN
→ SAFRANFÄDEN
→ WEISSWEIN
→ 4 KNOBLAUCHZEHEN
→ SCHNITTLAUCH
→ NATIVES OLIVENÖL EXTRA
→ SALZ
→ PFEFFER

Die Muscheln in kaltem Wasser baden und gut abtropfen lassen. 1 Esslöffel Olivenöl in einem Topf auf hoher Stufe erhitzen und die Muscheln hineingeben. Mit einem Glas Wein ablöschen, salzen und pfeffern. Kochen lassen, bis sich alle Muscheln geöffnet haben. Den Kochsud durch ein feines Sieb abgießen und auffangen. Die Hälfte der Venusmuscheln und der Stumpfmuscheln aus den Schalen lösen. Alle Muscheln auf die Gläser verteilen, in jedes Glas 1 Knoblauchzehe, etwas fein gehackten Schnittlauch, etwas Kochsud und einige Safranfäden geben. Die Gläser gut verschließen, in die Spülmaschine geben und das Normal-Programm starten. Nach Ende des Programms die Gläser aus der Maschine nehmen und sofort servieren.

↑ Muscheln in Safransud

FRÜHLINGSMENÜ

Ein elegantes Menü, bei dem alle Teile des Spargels Verwertung finden, sowohl die Köpfe als auch die faserigen Endstücke. Sie können die einzelnen Gerichte auch kalt genießen. Das Menü beginnt mit Garnelen, danach gibt es Makrele und zum Abschluss ein originelles Dessert aus Couscous und Kirschen.

GARNELEN AUF SPARGELCREME

4 x 250 ml | 1

- 16 GARNELEN
- UNTERE HÄLFTEN VON 500 G GRÜNEN SPARGELSTANGEN
- 1 FRÜHLINGSZWIEBEL
- ½ GLAS GEMÜSEBRÜHE
- 4 ZWEIGE THYMIAN
- NATIVES OLIVENÖL EXTRA
- SALZ
- PFEFFER

Die Garnelen waschen, auslösen und die Köpfe entfernen. Dabei darauf achten, dass das Fleisch unversehrt bleibt. Die ausgelösten Garnelen auf die Gläser verteilen. Die Spargelenden waschen, schälen und in feine Scheiben schneiden. Die Frühlingszwiebel waschen und in feine Ringe schneiden. In einer Pfanne 1 Esslöffel Öl auf kleiner Stufe erhitzen, die Zwiebel hineingeben und dünsten, dann die Spargelenden zufügen. Mit Salz und Pfeffer würzen und einige Minuten sautieren. Mit der Gemüsebrühe ablöschen und die Flüssigkeit einkochen lassen. Die Spargelmischung durch ein Sieb passieren. Die passierte Spargelcreme auf die Gläser verteilen, die Krebsschwänze darauf platzieren, mit etwas Olivenöl beträufeln und den Thymian zufügen. Die Gläser gut verschließen und im Normal-Programm der Spülmaschine garen. Servieren oder bis zum Verzehr im Kühlschrank aufbewahren.

Garnelen auf Spargelcreme ↓

MAKRELE MIT SPARGELSPITZEN & HASELNÜSSEN

2 x | 1

- 4 MAKRELENFILETS (INSG. CA. 450 G)
- SPITZEN VON 500 G GRÜNEN SPARGELSTANGEN
- 1 HANDVOLL HASELNÜSSE
- 1 KNOBLAUCHZEHE
- 1 EL BALSAMICO-ESSIG
- NATIVES OLIVENÖL EXTRA
- SALZ
- PFEFFER

Die Spargelspitzen waschen und der Länge nach halbieren. Die Makrelenfilets in einen Vakuumbeutel legen, mit Olivenöl beträufeln, mit Salz und Pfeffer würzen und vakuumieren. Den Spargel in einen anderen Beutel legen und vakuumieren. Beide Beutel in der Spülmaschine platzieren und im Normal-Programm garen. Nach Ablauf des Programms die

Makrele mit Spargelspitzen & Haselnüssen ↘

↓ Couscous-Dessert mit Kirschen & Minze

Beutel aus der Spülmaschine nehmen und im Kühlschrank aufbewahren, falls nicht sofort gegessen wird. Vor dem Servieren 2 Esslöffel Olivenöl in einer Pfanne erhitzen, die Spargelspitzen hineingeben, mit Salz und Pfeffer würzen und einige Minuten sautieren. Den Spargel auf vier Teller verteilen. Die Pfanne stark erhitzen und die Makrelenfilets von beiden Seiten darin anbraten. Den Balsamico-Essig zugießen und die Filets wenden, damit sie gleichmäßig Farbe annehmen. Die Haselnüsse grob hacken. Die Makrelenfilets auf den Tellern anrichten und die Nüsse darüberstreuen.

COUSCOUS-DESSERT MIT KIRSCHEN & MINZE

4 x 150 ml | 3

- → 160 G COUSCOUS
- → 200 G KIRSCHEN
- → EINIGE FRISCHE MINZEBLÄTTER
- → 100 G ZUCKER
- → PUDERZUCKER
- → SAFT VON 1 ZITRONE
- → NATIVES OLIVENÖL EXTRA

Die Kirschen waschen und entsteinen. In einem kleinen Topf Kirschen, Zucker, Zitronensaft und 350 ml Wasser erhitzen und etwa 10 Minuten kochen. Den Couscous auf die Gläser verteilen, mit Olivenöl beträufeln und mit Puderzucker bestreuen. Mit dem Kirschkompott übergießen, umrühren und anschließend die Gläser gut verschließen. Im Normal-Programm der Spülmaschine garen. Am Ende des Spülprogramms kann das Dessert sofort verzehrt oder im Kühlschrank aufbewahrt werden. Vor dem Servieren die Gläser öffnen und einige ganze oder gehackte Blätter Minze darüberstreuen.

SOMMERMENÜ

Bei sommerlichen Temperaturen ist es ein wahrer Luxus, ein raffiniertes Abendessen zuzubereiten. Dieses Menü ist leicht und gesund. Mit wenig Aufwand zaubern Sie Krustentiere und Muscheln auf den Tisch. Danach servieren Sie ein originelles Dessert aus Melone, die ihre Konsistenz ändert, wenn sie, wie hier, auf Niedrigtemperatur gegart wird.

Scampi auf grüner Paprikacreme ↘

SCAMPI AUF GRÜNER PAPRIKACREME

4 x 250 ml | 1

- → 12 SCAMPI (KAISERGRANATE)
- → 1 GROSSE GRÜNE PAPRIKA (ODER 2 KLEINE)
- → 250 G COCKTAILTOMATEN
- → 1 KNOBLAUCHZEHE
- → 1 EL ZUCKER
- → NATIVES OLIVENÖL EXTRA
- → SALZ
- → PFEFFER

1 Esslöffel Olivenöl in einer Pfanne auf niedriger Stufe erhitzen. Knoblauch, Tomaten, Zucker, Salz und Pfeffer hineingeben, abdecken und etwa 5 Minuten dünsten. Die Paprika waschen, dann Stiel, Kerne und weiße Trennwände entfernen. In Stücke schneiden, mit 2 Esslöffeln Olivenöl in eine hohe Schüssel geben und mit dem Stabmixer pürieren. Mit Salz und Pfeffer würzen und auf die Gläser verteilen. Die Scampi auslösen und auf die Paprikacreme legen. Die Tomatenmischung ebenfalls auf die Gläser verteilen. Etwas Olivenöl darüberträufeln, mit Salz und Pfeffer würzen, die Gläser verschließen und im Normal-Programm der Spülmaschine garen. Nach Ablauf des Spülgangs sofort servieren oder die Gläser im Kühlschrank aufbewahren.

↙ Couscous mit Kichererbsen & Muscheln

COUSCOUS MIT KICHER-ERBSEN & MUSCHELN

4 x 350 ml | SOFORT

→ 200 G COUSCOUS
→ 300 G VENUSMUSCHELN
→ 350 G GEKOCHTE KICHERERBSEN
→ 300 G MIESMUSCHELN
→ 1 ROTE PAPRIKA
→ 1 KNOBLAUCHZEHE
→ 1 BUND PETERSILIE
→ ½ GLAS WEISSWEIN
→ NATIVES OLIVENÖL EXTRA
→ SALZ
→ PFEFFER

Venus- und Miesmuscheln in kaltem Wasser baden und abtropfen lassen. Den Knoblauch schälen und zusammen mit der Petersilie hacken. In einer Pfanne 2 Esslöffel Olivenöl mit dem Petersilie-Knoblauch-Gemisch langsam erhitzen. Sobald es zu brutzeln beginnt, die Muscheln zufügen. Einige Minuten in der Pfanne sautieren, bis sich alle Muscheln geöffnet haben. Dann mit Salz und Pfeffer würzen, mit dem Weißwein ablöschen und kochen, bis die Flüssigkeit reduziert ist. Vom Herd nehmen, die Muscheln aus den Schalen lösen und beiseitestellen. Den Kochsud durch ein feines Sieb abgießen und auffangen. Die Paprika waschen, putzen und in kleine Würfel schneiden. Couscous, Kichererbsen und Paprikawürfel auf die Gläser verteilen. Die Muscheln auf das Gemüse geben und mit etwa 4 Esslöffeln Kochsud pro Glas begießen. Mit Olivenöl beträufeln, umrühren und die Gläser gut verschließen. Im Normal-Programm garen und anschließend servieren.

Melone mit Karamell & Pfeffer ↘

MELONE MIT KARAMELL & PFEFFER

3

→ 1 ZUCKERMELONE
→ 150 G ZUCKER
→ SALZ
→ PFEFFER

Die Zuckermelone halbieren und mit einem Löffel die Kerne entfernen. Die beiden Melonenhälften schälen, aber nicht weiter zerkleinern. Die Melonenhälften in einen Vakuumbeutel legen und vakuumieren. Im Normal-Programm der Spülmaschine garen und anschließend in den Kühlschrank legen. Vor dem Servieren die kalte Melone aus dem Beutel nehmen und in feine Scheiben schneiden. Auf einem Servierteller anrichten und mit Pfeffer bestreuen. Für den Karamell den Zucker mit 2 Esslöffeln Wasser in einen kleinen Topf geben und bei mittlerer Hitze köcheln lassen, dabei nicht umrühren, bis die Karamellmasse bräunt. 1 Prise Salz hinzugeben und den Karamell über die Melonenscheiben gießen.

HERBSTMENÜ

Dies ist ein Menü für die ganze Familie und auch für Kindergaumen bestens geeignet. Es ist einfach, gesund und schmackhaft, kann leicht im Vorhinein zubereitet und dann in aller Ruhe genossen werden.

MIREPOIX-GEMÜSESUPPE MIT WACHTELEI

4 x 300 ml SOFORT

- 1 ZWIEBEL
- 2 KAROTTEN
- 1 SELLERIESTANGE
- 250 G MANGOLD
- 4 WACHTELEIER
- NATIVES OLIVENÖL EXTRA
- SALZ
- PFEFFER
- 1 PRISE CHILIPULVER

Die Zwiebel schälen und in feine Ringe schneiden. Karotten und Sellerie würfeln und den Mangold in kleine Stücke schneiden. 1 Esslöffel Öl im Schnellkochtopf erhitzen, die Zwiebel darin andünsten. Dann das restliche Gemüse zugeben. Einige Minuten dünsten, dann 1 Liter Wasser zugießen. Mit Salz und Pfeffer würzen und den Schnellkochtopf schließen. Wenn die Gartemperatur erreicht ist, noch 15 Minuten kochen. Die Suppe auf die Gläser verteilen, je 1 Ei aufschlagen und in das Glas gleiten lassen. Die Gläser gut verschließen und im Normal-Programm der Spülmaschine garen. Nach Ende des Spülgangs die Gläser öffnen, die Suppe mit Olivenöl beträufeln, mit dem Chilipulver würzen und servieren.

↙ Mirepoix-Gemüsesuppe mit Wachtelei

ROULADEN MIT RADICCHIO, ROSINEN & PINIENKERNEN AN BALSAMICO-REDUKTION

3

- 400 G SCHWEINEFILET, IN FEINE SCHEIBEN GESCHNITTEN
- 1 ROTER RADICCHIO
- 1 HANDVOLL ROSINEN
- 1 HANDVOLL PINIENKERNE
- BALSAMICO-ESSIG
- 1 FRÜHLINGSZWIEBEL
- NATIVES OLIVENÖL EXTRA
- SALZ
- PFEFFER

↑ Rouladen mit Radicchio, Rosinen & Pinienkernen an Balsamico-Reduktion

Den Radicchio waschen, trocken tupfen und in feine Streifen schneiden. Die Frühlingszwiebel in feine Ringe schneiden. 1 Esslöffel Öl in einer Pfanne erhitzen und die Zwiebelringe darin andünsten. Pinienkerne, Rosinen und Radicchio hinzufügen und einige Minuten sautieren. Die Filetscheiben auf ein Schneidebrett legen. Die Gemüsemischung auf die Fleischscheiben verteilen und diese einrollen. Die Rouladen in einen Vakuumbeutel legen und vakuumieren, dann im Normal-Programm der Spülmaschine garen. Nach Ablauf des Spülprogramms im Kühlschrank aufbewahren, falls nicht sofort gegessen wird. Vor dem Servieren eine Pfanne mit etwas Olivenöl erhitzen und die Rouladen darin anbraten, mit 2 Esslöffeln Balsamico ablöschen, mit Salz und Pfeffer würzen und servieren.

APFELMUS MIT ZITRONE & ZIMT

4 x 150 ml | 3

- → 3 ÄPFEL
- → 1 ZITRONE
- → 4 TL ROHRZUCKER
- → 1 TL ZIMT

Die Äpfel waschen, reiben und auf die Gläser verteilen. Die Zitrone gut waschen, mit einem Zestenschneider Streifen von der Schale abziehen und zu den geriebenen Äpfeln geben. Die Zitrone ausdrücken und den Saft auf die Gläser verteilen. In jedes Glas 1 Teelöffel Rohrzucker und 1 Prise Zimt geben. Dann die Gläser gut verschließen und im Normal-Programm der Spülmaschine garen. Nach Ablauf des Spülgangs können die Gläser serviert oder im Kühlschrank aufbewahrt werden.

↙ Apfelmus mit Zitrone & Zimt

WINTERMENÜ

Ein Wintermenü voller Vitamine, in dem Zitrusfrüchte mit Sardellen und Krustentieren kombiniert werden. Es kann wunderbar zu einem Abendessen mit Freunden serviert werden, aber auch anlässlich eines sonntäglichen Familienessens. Diese leichten und raffinierten Gänge werden auch verwöhnte Gaumen glücklich machen.

SARDELLENTERRINE

4 x 250 ml | 1

- 500 G FRISCHE SARDELLEN
- 1 KNOBLAUCHZEHE
- 1 BUND PETERSILIE
- SCHALE UND SAFT VON 1 ZITRONE
- NATIVES OLIVENÖL EXTRA
- SALZ
- PFEFFER
- GERÖSTETE BROTSCHEIBEN ALS BEILAGE

Die Sardellen ausnehmen, waschen und filetieren. Knoblauch, Petersilie und Zitronenschale fein hacken oder im Mörser zerstoßen. In die Gläser jeweils eine Schicht Sardellen geben und mit etwas Knoblauchmischung bestreuen, dann eine zweite Schicht Sardellen darüberlegen und wiederum mit der Mischung bestreuen. Abschließend mit Olivenöl beträufeln, mit Salz und Pfeffer würzen und den Zitronensaft darübergießen. Die Gläser gut verschließen und im Normal-Programm der Spülmaschine garen. Nach Ablauf des Programms servieren und dazu geröstete Brotscheiben reichen.

Sardellenterrine ↘

REIS MIT SCAMPI & ZITRONENZESTEN

4 x 350 ml · 1

- → 320 G CARNAROLI-REIS
- → SCHALE UND SAFT VON 1 ZITRONE
- → 16 SCAMPI (KAISERGRANATE)
- → 1 ZWIEBEL
- → ½ GLAS WEISSWEIN
- → 500 ML GEMÜSEBRÜHE
- → NATIVES OLIVENÖL EXTRA
- → SALZ
- → PFEFFER

Den Reis mit 1 Schuss Olivenöl in einen Topf geben und dünsten, bis er glasig wird. In eine Schüssel geben und beiseitestellen. Die Zwiebel fein hacken. Im gleichen Topf 1 Esslöffel Olivenöl erhitzen und die Zwiebel darin andünsten. Den Reis hinzugeben, umrühren, mit Salz und Pfeffer würzen und mit dem Weißwein ablöschen. Die Schale der Zitrone mit einem Zestenschneider abziehen und beiseitestellen. Wenn der Wein eingekocht ist, die Gemüsebrühe nach und nach zum Reis gießen und garen lassen, bis der Reis bissfest ist. Den Herd abschalten, die Zitrone auspressen und den Saft unter den Reis rühren. In der Zwischenzeit die Scampi waschen, auslösen und in grobe Stücke zerteilen. Den Risotto auf die Gläser verteilen, Scampistücke und Zitronenzesten dazugeben, etwas Olivenöl darüberträufeln und mit Pfeffer würzen. Die Gläser gut verschließen und im Normal-Programm garen. Nach Ablauf des Programms sofort servieren.

↗ Reis mit Scampi & Zitronenzesten

↑ Zimt-Orangen mit Vanilleeiscreme

ZIMT-ORANGEN MIT VANILLEEISCREME

4 x 250 ml · 3

- → 4 ORANGEN
- → 1 EL ZIMT
- → 4 KUGELN VANILLEEISCREME
- → 4 TL ROHRZUCKER

Die Orangen schälen und in Stücke schneiden, die Kerne entfernen und das Fruchtfleisch auf die Gläser verteilen. 1 Messerspitze Zimt und 1 Teelöffel Zucker in jedes Glas geben, dann die Gläser gut verschließen. Im Normal-Programm der Spülmaschine garen. Nach Ablauf des Spülgangs die Gläser entnehmen, öffnen und je 1 Kugel Vanilleeiscreme hineingeben. Nach Belieben mit Zimt und Orangenzesten dekorieren.

PROGRAMM

INTENSIV

Mit diesem für stark verschmutztes Geschirr vorgesehenen Programm lässt sich eine breite Vielfalt von Gerichten garen. Vor allem jedoch gelingen hiermit Fleischgerichte mit Lamm, Schwein, Huhn und Pute sehr gut.

KANINCHENBRATEN MIT WEINTRAUBEN

3

- → 500 G ENTBEINTES KANINCHENFLEISCH
- → 1 RISPE WEINTRAUBEN
- → 2 EL HONIG
- → 1 ZWEIG ROSMARIN
- → ½ GLAS WEISSWEIN
- → NATIVES OLIVENÖL EXTRA
- → SALZ
- → PFEFFER

Das Kaninchenfleisch von Fett und Sehnen befreien. In einer Schüssel Honig, 3 Esslöffel Olivenöl, Salz und Pfeffer mit dem Schneebesen verrühren. Das Fleisch gut damit einreiben und dann aufrollen und mit Küchengarn zusammenhalten. Die einzelnen Weintrauben gut waschen und trocken tupfen. Den Braten mit dem Rosmarin in einen Vakuumbeutel legen und vakuumieren, dann im Intensiv-Programm der Spülmaschine garen. Den Beutel nach Ablauf des Programms im Kühlschrank aufbewahren, falls nicht sofort gegessen wird. Vor dem Servieren etwas Olivenöl in einer Pfanne erhitzen und das Fleisch darin von allen Seiten gut anbraten. Dann den Braten warm stellen. Die Weintrauben halbieren, den Saft aus dem Vakuumbeutel in die Pfanne gießen, die Weintrauben hinzufügen und einige Minuten einkochen. Den Wein zugießen und weiter reduzieren, bis die Sauce eindickt. Den Kaninchenbraten vom Garn befreien, in feine Scheiben schneiden und mit der Sauce servieren.

VITELLO AN MAKRELENSAUCE

1,5 ℓ

3

- → 500 G KALB- ODER RINDFLEISCH (ROLLE AUS DER UNTERSCHALE)
- → 1 L GEMÜSEBRÜHE
- → 1 LORBEERBLATT
- → 1 NELKE
- → 4 IN ÖL EINGELEGTE SARDELLENFILETS
- → 1 HANDVOLL IN ESSIG EINGELEGTE KAPERN
- → 100 G IN ÖL EINGELEGTE MAKRELENFILETS
- → 2 EIER
- → NATIVES OLIVENÖL EXTRA
- → SALZ
- → PFEFFER

Das Fleisch waschen, trocken tupfen und eventuelles Fett abschneiden. Die Gemüsebrühe zum Kochen bringen. Das Fleisch in ein 1,5-Liter-Glas legen und die kochende Gemüsebrühe darübergießen. Lorbeerblatt und Nelke zufügen und das Glas gut verschließen. Im Intensiv-Programm der Spülmaschine garen. Nach Ablauf des Programms in den Kühlschrank stellen und das Fleisch in der Brühe erkalten lassen. Währenddessen die Sauce vorbereiten: Die Eier in einen Topf legen, mit kaltem Wasser bedecken, zum Kochen bringen und 8 Minuten garen. In einer Rührschüssel die abgetropften Makrelenfilets mit der Hand zerteilen, die hart gekochten Eier schälen und hinzufügen, dann abgetropfte Sardellenfilets und Kapern zugeben. Alles mit dem Stabmixer pürieren, dabei langsam so viel Olivenöl und Saft zufügen, bis eine cremige Konsistenz entsteht. Das Fleisch in sehr feine Scheiben schneiden und auf einer Servierplatte anrichten. Die Sauce darübergießen und servieren.

GARNELENTERRINE

4 x 150 mℓ

1

- → 300 G GARNELEN
- → 1 FRÜHLINGSZWIEBEL
- → ½ GLAS WEISSWEIN
- → SCHNITTLAUCH
- → THYMIAN
- → NATIVES OLIVENÖL EXTRA
- → SALZ
- → PFEFFER

Die Garnelen waschen und trocken tupfen, aus der Schale lösen und den schwarzen Darm entfernen. Die Frühlingszwiebel in feine Ringe schneiden, etwas Öl in der Pfanne erhitzen und die Zwiebelringe auf kleiner Stufe darin andünsten. Dann die Garnelen dazugeben und bei großer Hitze 1 Minute sautieren. Mit Salz und Pfeffer würzen, mit dem Weißwein ablöschen, reduzieren und vom Herd nehmen. Lauwarm abkühlen lassen, gehackten Schnittlauch und Thymianblätter zugeben und alles mit dem Stabmixer grob pürieren. Die Mischung auf die Gläser verteilen, Olivenöl darüberträufeln und die Gläser gut verschließen. Im Intensiv-Programm der Spülmaschine garen, anschließend in den Kühlschrank stellen. Diese Terrine genießt man am besten kalt, sie sollte allerdings innerhalb eines Tages verzehrt werden. Idealerweise wird sie mit geröstetem Weißbrot und Butter serviert.

Garnelenterrine ↘

SCHWEINELENDE IN MILCH

1,5 ℓ | 3

- → 700 G AUSGEBEINTES LENDENKOTELETTSTÜCK VOM SCHWEIN
- → 50 ML MILCH
- → 1 ZWEIG ROSMARIN
- → 1 WACHOLDERBEERE
- → 1 NELKE
- → 1 KNOBLAUCHZEHE
- → SPEISESTÄRKE
- → ½ GLAS WEISSWEIN
- → NATIVES OLIVENÖL EXTRA
- → SALZ
- → PFEFFER

Dies ist ein traditionelles Gericht meiner Familie. Es wird hauptsächlich im Winter zubereitet, schmeckt aber auch mal im August ausgezeichnet. Den Rosmarinzweig auf das Fleisch legen und das Lendenstück mit Küchengarn umwickeln, dann in ein 1,5-Liter-Glas legen (alternativ kann auch ein Vakuumbeutel verwendet werden). Wacholderbeere, Nelke und die leicht zerdrückte Knoblauchzehe hinzugeben, die Milch darübergießen und mit Salz und Pfeffer würzen. Das Glas gut verschließen und im Intensiv-Programm der Spülmaschine garen. Wenn nicht sofort gegessen wird, kann das Glas bis zu 3 Tage in den Kühlschrank gestellt werden. Vor dem Servieren das Glas öffnen. Den Garsud in einen kleinen Topf abseihen. 1 Esslöffel Speisestärke und den Weißwein hinzugeben, gut verrühren und auf die Hälfte einkochen. Etwas Öl in einer Pfanne erhitzen und die Schweinelende darin von allen Seiten anbraten. Das Küchengarn entfernen, das Fleisch in feine Scheiben schneiden (es wird sehr zart sein) und mit der Sauce servieren. Dazu passen Bohnen, Spinat, Fenchel oder Blumenkohl, die gekocht und anschließend kurz angebraten werden.

FRÜHSTÜCKSMENÜ (ZU JEDER JAHRESZEIT)

Sie können alle Vorbereitungen für dieses Frühstück am Abend vor dem Zubettgehen treffen. Stellen Sie die Gläser in die Spülmaschine und programmieren Sie den Spülgang für einen späteren Zeitpunkt, sodass das Programm kurz vor dem Aufstehen beendet ist (also muss das Programm etwa 2,5 Stunden vorher starten). Morgens müssen Sie nur noch das Obstkompott mit Joghurt und Müsli ergänzen, Brot toasten und Kaffee kochen. Und dann genießen Sie … das Superfrühstück.

GEKOCHTES FRÜHSTÜCKSEI

4 x 150 ml | SOFORT

→ 4 EIER
→ 4 SCHEIBEN BROT
→ SALZ
→ PFEFFER

Je nach Spülmaschinenmodell können Eier extrem unterschiedlich garen. Um ein perfekt gekochtes Ei zu erhalten, reicht bei einigen älteren Spülmaschinen das Eco-Programm, bei den moderneren Geräten mit niedrigem Energieverbrauch jedoch muss das Intensiv-Programm gewählt werden. Bevor Sie dieses ganze Menü zubereiten, sollten Sie deshalb das Eierkochen einmal in allen verschiedenen Programmen Ihrer Spülmaschine testen. Die Avocado-Foie-gras und das Obstkompott können auch in anderen Programmen gegart werden.
Die Eier waschen und alle in ein Glas geben (alternativ jedes Ei in ein einzelnes kleines Glas geben). Mit Wasser bedecken und gut verschließen. Im Intensiv-Programm der Spülmaschine garen. Am Ende des Programms die Brotscheiben toasten und in Streifen schneiden. Die Gläser öffnen und die Eier in Eierbecher setzen. Jeder kann sein Ei selbst aufschlagen und nach Belieben mit Salz und Pfeffer würzen. Mit den getoasteten Brotstreifen servieren.

Gekochtes Frühstücksei ↑

AVOCADO-FOIE-GRAS MIT GETOASTETEN BROTSCHEIBEN

3

→ 1 REIFE AVOCADO (NICHT ÜBERREIF)
→ 1 EL BIO-PFLANZENMARGARINE
→ BALSAMICO-ESSIG
→ SALZ
→ PFEFFER
→ BROTSCHEIBEN ALS BEILAGE

Die Avocado halbieren, den Kern entfernen und beide Hälften schälen, möglichst ohne sie zu zerbrechen. Dann die Avocadohälften in einen Vakuumbeutel legen und vakuumieren (alternativ in einen fest verschließbaren Glasbehälter geben). Im Intensiv-Programm der Spülmaschine garen. Nach Ablauf

Avocado-Foie-gras mit getoasteten Brotscheiben ↓

Obstkompott mit Joghurt & Müsli ↙

des Spülgangs aus der Maschine nehmen, den Beutel (oder das Glas) öffnen und die Avocado kurz in einer sehr heißen Pfanne auf der ausgehöhlten Seite anbraten. Die Margarine zugeben und glasieren, bis die Avocado eine nussartige Farbe angenommen hat. Mit frisch getoasteten Brotscheiben, Balsamico-Essig, 1 Prise Salz und Pfeffer servieren.

OBSTKOMPOTT MIT JOGHURT & MÜSLI

4 x 250 ml 3

- → 400 G OBST DER SAISON
- → 500 G NATURJOGHURT
- → 4 EL MÜSLI (GEMISCHTE ZEREALIEN)
- → HONIG
- → ROHRZUCKER
- → SAFT VON 1 ZITRONE

Bei diesem Rezept sollte Obst der Saison verwendet werden. Es kann im Frühsommer mit Erdbeeren, im Sommer mit Pfirsichen und Aprikosen, im Herbst mit Äpfeln und im Winter mit Zitrusfrüchten zubereitet werden. Die Früchte waschen und trocken tupfen, eventuelle Kerne oder Steine entfernen und das Obst in kleine Würfel schneiden. Dann auf die Gläser verteilen, je 1 Teelöffel Honig und 1 Teelöffel Rohrzucker zufügen. Den Zitronensaft darübergießen und die Gläser gut verschließen. Im Intensiv-Programm der Spülmaschine garen. Die Gläser entnehmen und öffnen, Joghurt und Müsli hineingeben und servieren.

FRÜHLINGSMENÜ

Dieses Menü können Sie im Voraus zubereiten und dann im Freien genießen. Alle Portionen werden in Gläsern gegart und können direkt daraus verzehrt werden, Sie brauchen also kein weiteres Geschirr. Für ein perfektes Picknick packen Sie lediglich einen Korb, stellen die Glasbehälter nebst Trinkgläsern hinein, eine Flasche Wein dazu und eine Picknickdecke. Dann können Sie die Gerichte genießen – sie sind frisch, leicht und auch kalt sehr lecker.

↙ Reis mit dicken Bohnen

REIS MIT DICKEN BOHNEN

4 x 350 ml | 1

- → 360 G REIS
- → 1 KG DICKE BOHNEN IN DER HÜLSE
- → NATIVES OLIVENÖL EXTRA
- → SALZ
- → PFEFFER

Den Reis unter fließendem Wasser waschen und entweder dampfgaren oder in Wasser kochen. Die dicken Bohnen palen, die Hülsen für das nächste Rezept aufbewahren und bis zur Verwendung in kaltes Wasser legen, da sie sonst braun werden. Den bissfest gekochten Reis in eine Schüssel geben, dicke Bohnen, Öl, Salz und Pfeffer hinzufügen und vermischen. Auf die Gläser verteilen, verschließen und im Intensiv-Programm der Spülmaschine garen. Nach Ablauf des Programms servieren. Am besten schmeckt der Reis lauwarm mit ein paar Tropfen Olivenöl.

HÄHNCHENHÄPPCHEN MIT LIMETTE, INGWER & BOHNENHÜLSEN

4 x 300 ml | 3

- → 400 G HÄHNCHENBRUST
- → SCHALE UND SAFT VON 2 LIMETTEN
- → 1 STÜCK FRISCHE INGWERWURZEL
- → HÜLSEN VON 1 KG DICKE BOHNEN
- → SCHNITTLAUCH
- → 1 KNOBLAUCHZEHE
- → NATIVES OLIVENÖL EXTRA
- → SALZ
- → PFEFFER

Die Hähnchenbrust in Würfel schneiden und in eine Schüssel geben. Die Schale von den Limetten in Zesten abziehen, dann die Frucht auspressen. Den Ingwer reiben. Limettenschale, -saft und Ingwer zum Fleisch geben. 2 Esslöffel Olivenöl, Salz und etwas gehackten Schnittlauch zufügen und alles vermengen. Die Stiele der Bohnenhülsen abtrennen und die Hülsen diagonal in Stücke schneiden. Etwas Öl in einer Pfanne erhitzen und den leicht zerdrückten Knoblauch hineingeben. Dann die Hülsen zufügen, mit Salz und Pfeffer würzen und 5 Minuten sautieren. Auf die Gläser verteilen. Die Hähnchenfleischmischung erneut gut durchmengen und in die Gläser auf die Hülsen geben. Die Gläser gut verschließen und im Intensiv-Programm der Spülmaschine garen. Nach Ablauf des Spülprogramms bis zum Verzehr im Kühlschrank aufbewahren. Das Glas vor dem Verzehr schütteln, sodass sich der Inhalt gut mischt.

CRUMBLE MIT ERDBEERCREME & HIMBEEREN

4 x 250 ml | 3

- → 300 G ERDBEEREN
- → 100 G HIMBEEREN
- → 4 EL PUDERZUCKER
- → SAFT VON ½ ZITRONE
- → 100 G TROCKENE KEKSE
- → 3 EL ROHRZUCKER
- → 1 HANDVOLL MANDELN
- → 50 G WEICHE BUTTER

Crumble mit Erdbeercreme & ↓ Himbeeren

Hähnchenhäppchen mit Limette, Ingwer & Bohnenhülsen ↓

Erdbeeren und Himbeeren waschen, die Erdbeeren putzen. Erdbeeren, Puderzucker und Zitronensaft pürieren und auf die Gläser verteilen. Die Himbeeren hinzufügen, die Gläser gut verschließen und im Intensiv-Programm der Spülmaschine garen. In der Zwischenzeit den Crumble vorbereiten: Die Kekse grob zerbröseln und die Mandeln hobeln. In einer Schale die Keksbrösel mit dem Rohrzucker vermengen, dann Mandelhobel und weiche Butter einarbeiten und für mindestens 30 Minuten in den Kühlschrank stellen. Die Bröselmischung in einer Auflaufform verteilen und 15 Minuten unter dem Backofengrill rösten. Abkühlen lassen. Nach Ende des Spülmaschinenprogramms die Gläser bis zum Verzehr in den Kühlschrank stellen. Vor dem Servieren die Gläser öffnen und etwas Crumble in jedes Glas bröseln.

SOMMERMENÜ

Dieses Menü schmeckt sehr gut kalt. Es eignet sich bestens für ein Abendessen mit Freunden an einem Sommerabend. Sie können ganz entspannt alle Gerichte hintereinander genießen, ohne vor dem heißen Herd zu schwitzen.

KANINCHENTERRINE

4 x 150 ml 3

- 300 G ENTBEINTES KANINCHENFLEISCH
- 200 G GEMISCHTES HACKFLEISCH
- 1 KNOBLAUCHZEHE
- 1 WACHOLDERBEERE
- 2 LORBEERBLÄTTER
- WEINBRAND
- 1 SCHALOTTE
- THYMIAN
- NATIVES OLIVENÖL EXTRA
- SALZ
- PFEFFER
- GERÖSTETE BROTSCHEIBEN ALS BEILAGE

Das Kaninchenfleisch waschen, trocken tupfen und in einen Behälter legen. Zerdrückten Knoblauch, Wacholderbeere, Lorbeerblätter und Pfeffer zufügen, mit Weinbrand begießen und über Nacht marinieren. Das Fleisch aus der Marinade heben und entweder mit einem Messer sehr fein hacken oder durch den Fleischwolf drehen. Die Schalotte fein hacken und mit Hackfleisch und Kaninchenhack vermengen. Mit Salz und Pfeffer würzen. Erneut gut vermengen und auf die Gläser verteilen. In jedes Glas 1 Schuss Weinbrand und 1 Thymianzweig geben und gut verschließen. Im Intensiv-Programm der Spülmaschine garen und nach Ablauf des Programms für wenigstens 2 Stunden in den Kühlschrank stellen. Man reicht hierzu geröstete Brotscheiben sowie nach Belieben Senf und Würzsaucen.

Kaninchenterrine ↘

PUTENROLLE MIT SCHINKEN & SPINAT

3

- 400 G PUTENBRUST
- 100 G IN FEINE SCHEIBEN GESCHNITTENER GEKOCHTER SCHINKEN
- 100 G FRISCHER SPINAT
- 1 KNOBLAUCHZEHE
- WEISSWEIN
- NATIVES OLIVENÖL EXTRA
- SALZ
- PFEFFER

Den Spinat waschen. 1 Esslöffel Öl in einer Pfanne erhitzen und den zerdrückten Knoblauch darin schwenken. Den Spinat zugeben, mit Salz und Pfeffer würzen und sautieren.

Putenrolle mit Schinken & Spinat ↓

Pfirsich Melba ↓

Frischhaltefolie auf ein Schneidebrett legen und die Putenbrust darauf ausbreiten. Mit dem Fleischklopfer flach klopfen und in eine rechteckige Form bringen. Mit Salz und Pfeffer würzen, dann den Schinken darauflegen und anschließend den Spinat. Das Fleisch mit Schinken und Spinat einrollen, die Folie entfernen und die Rolle mit Kuchengarn binden. In einem Beutel vakuumieren. Den Beutel in der Spülmaschine im Intensiv-Programm garen. Bis zum Verzehr im Kühlschrank aufbewahren. Vor dem Servieren etwas Öl in einer Pfanne erhitzen und die Putenrolle darin anbraten. Mit Weißwein ablöschen. Das Küchengarn lösen, die Rolle in Scheiben schneiden und servieren.

PFIRSICH MELBA

4 x 250 ml | 3

- 4 PFIRSICHE
- 100 G HIMBEEREN
- 250 G ZUCKER
- ZITRONENSAFT
- EINIGE AMARETTINI
- 4 KUGELN MILCHEISCREME

Die Himbeeren mit 50 g Zucker und ein paar Tropfen Zitronensaft pürieren. 500 ml Wasser in einem Topf erhitzen, den restlichen Zucker zufügen und aufkochen. Die Pfirsiche waschen, halbieren und den Stein entfernen. Die Pfirsichhälften in den kochenden Sirup geben und 5 Minuten köcheln. Die Früchte abtropfen lassen und auf die Gläser verteilen, das Himbeerpüree zufügen und die Gläser gut verschließen. Anschließend im Intensiv-Programm der Spülmaschine garen und nach Ablauf des Programms in den Kühlschrank stellen. Vor dem Servieren die Gläser öffnen, je 1 Kugel Eis hineingeben und einige Amarettini darüberbröseln.

HERBSTMENÜ

Ein Fischmenü – ebenso perfekt für einen romantischen Abend zu zweit geeignet wie für ein Geburtstagsessen oder eine besondere Feier. Der Hummer ist sicherlich eine kleine Investition, dafür werden aber alle Teile der Artischocke verwendet, auch die, die normalerweise weggeworfen werden. Für die Vorspeise sind es die Artischockenherzen, für den Hauptgang die äußeren Blätter und die Stiele. Die einzelnen Gerichte können Sie im Voraus zubereiten, danach ruhen Sie ein wenig aus und genießen das Abendessen.

Hummer auf Artischockenherzen ↗

HUMMER AUF ARTISCHOCKENHERZEN

4 x 250 ml | 1

- → 1 HUMMER (CA. 1 KG)
- → 4 ARTISCHOCKEN
- → ZESTEN UND SAFT VON 1 ZITRONE
- → 1 GLAS WEISSWEIN
- → NATIVES OLIVENÖL EXTRA
- → SALZ
- → PFEFFER

Die Artischocken waschen, die äußeren Blätter vom Boden entfernen und die Stiele abschneiden. Blätter und Stiele für das nächste Rezept beiseitelegen. Die Artischockenherzen in feine Scheiben schneiden, mit etwas Zitronensaft beträufeln und auf die Gläser verteilen. In einem großen Topf ausreichend Wasser mit dem Weißwein zum Kochen bringen, den Hummer hineingeben und 3 Minuten kochen. Herausnehmen, den Hummer mit einer Küchenschere entlang dem Rücken aufschneiden und das Fleisch auslösen. Die Scheren aufbrechen und das Fleisch herausziehen. Den Kopf zerdrücken und den Inhalt in einer Schüssel auffangen. Den restlichen Zitronensaft darüberträufeln, mit Salz und Pfeffer würzen und so viel Olivenöl unterrühren, bis die Sauce emulgiert. Das Hummerfleisch in Scheiben schneiden und über die Artischockenherzen verteilen. Die Hummer-Zitronen-Sauce darübergießen und mit einigen Zitronenzesten bestreuen. Die Gläser gut verschließen und im Intensiv-Programm der Spülmaschine garen. Nach Ende des Spülprogramms die Gläser herausnehmen und etwas abkühlen lassen. Lauwarm serviert, ist der Geschmack intensiver und eleganter.

DORADENFILET MIT ARTISCHOCKEN-BLATTCREME

1

- → 2 DORADENFILETS (À CA. 250 G)
- → ÄUSSERE BLÄTTER UND STIELE VON 4 ARTISCHOCKEN
- → 1 FRÜHLINGSZWIEBEL
- → WEISSWEIN
- → THYMIAN
- → NATIVES OLIVENÖL EXTRA
- → SALZ
- → PFEFFER

Die äußeren Blätter der Artischocken waschen, die Stiele mit einem Sparschäler schälen. Im Schnellkochtopf Blätter und Stiele mit wenig Wasser etwa 15 Minuten kochen, danach grob hacken. Die Frühlingszwiebel in Ringe schneiden. Etwas Öl in einer Pfanne erhitzen und die Frühlingszwiebel darin dünsten. Dann die Artischockenblätter und -stiele zufügen, mit Salz und Pfeffer würzen und einige Minuten sautieren. Die Mischung durch ein Gemüsesieb passieren. Die Doradenfilets waschen und trocken tupfen, die Haut belassen, aber vorsichtig alle verbliebenen Gräten mit einer Pinzette entfernen. Die Filets in einen Vakuumbeutel legen, mit Olivenöl und Weißwein beträufeln und einige Thymianblätter sowie Salz und Pfeffer zugeben. Den Beutel vakuumieren und im Intensiv-Programm der Spülmaschine garen. Nach Ablauf des Programms den Beutel herausnehmen und öffnen. Die Filets in einer heißen Pfanne einige Sekunden anbraten. Die Artischockencreme erwärmen und auf Teller verteilen, je 1 Stück Doradenfilet darauflegen, mit Salz und Pfeffer würzen und servieren.

Doradenfilet mit ↗ Artischockenblattcreme

↓ Pflaumenmus mit Joghurt & gehackten Pistazien

PFLAUMENMUS MIT JOGHURT & GEHACKTEN PISTAZIEN

4 x 250 ml | 3

- → 350 G PFLAUMEN
- → CREMIGER NATURJOGHURT
- → 1 HANDVOLL PISTAZIEN
- → 2 EL ROHRZUCKER
- → ZITRONENSCHALE

Die Pflaumen waschen und trocken tupfen. Steine und eventuell auch Stiele müssen entfernt werden. Die Pflaumen mit Zucker und 1 Stück Zitronenschale in eine Rührschüssel geben und mit dem Stabmixer pürieren. Anschließend das Püree auf die Gläser verteilen und gut verschließen. Dann die Gläser mit dem Pflaumenmus in die Spülmaschine geben und im Intensiv-Programm garen. In der Zwischenzeit die Pistazien schälen, die Haut abziehen, grob hacken und beiseitestellen. Nach Ablauf des Spülgangs das Pflaumenmus bis zum Verzehr in den Kühlschrank stellen. Vor dem Servieren die Gläser öffnen und jeweils 1 Esslöffel Joghurt hineingeben. Mit den gehackten Pistazien bestreuen und servieren.

WINTERMENÜ

Es ist Weihnachten in der Spülmaschine ... Sie finden hier einen Menüvorschlag mit traditionellen weihnachtlichen Zutaten, aber die Gartechnik ist innovativ. Ihre Gäste werden überrascht und gleichzeitig begeistert sein. Sie können es im Voraus zubereiten und, wenn Sie eingeladen sind, auch als festliches Take-away mitnehmen.

GEMÜSE-CONSOMMÉ

3

- → 4 TASSEN FLEISCHBRÜHE (SIEHE NÄCHSTES REZEPT)
- → 1 KAROTTE
- → 1 SELLERIESTANGE
- → 1 ZUCCHINI
- → 1 ZWIEBEL
- → PFEFFERKÖRNER

Für diese Consommé wird die Brühe vom Kalbfleisch-Rezept verwendet. Das Gemüse waschen und in Julienne schneiden. Die warme Brühe auf Suppenteller aufteilen. Gemüse-Julienne darübergeben, mit frisch gemahlenem Pfeffer würzen und servieren.

Gemüse-Consommé ↘

KALBFLEISCH MIT SENF

1,5 ℓ

3

- → 500 G KALBSNACKEN AM STÜCK
- → 1 KAROTTE
- → 1 SELLERIESTANGE
- → 1 ZWIEBEL
- → 1 BUND PETERSILIE
- → 1 LORBEERBLATT
- → SALZ
- → PFEFFERKÖRNER
- → SAUCEN ZUM SERVIEREN (SENF, MEERRETTICH, GRÜNE SAUCE)

Karotte und Sellerie waschen, die Zwiebel schälen. In einem Schnellkochtopf 1 Liter Wasser erhitzen, das Gemüse hineingeben, dann Pfefferkörner, Petersilie, Lorbeerblatt und 1 Prise Salz zufügen. Den Schnellkochtopf schließen und nach Erreichen der Gartemperatur noch 25 Minuten kochen. Das Fleisch in ein 1,5-Liter-Glas legen. Den Schnellkochtopf öffnen und die Brühe durch ein feines Sieb über das Fleisch gießen, bis das Glas voll ist. Das Glas gut verschließen und im Intensiv-Programm der Spülmaschine garen. Nach Ablauf des Spülgangs das Glas öffnen, das Fleisch aus der Brühe nehmen, in Scheiben schneiden und auf einer Servierplatte anrichten. Die Brühe für das vorstehende Consommé-Rezept verwenden. Zu den Kalbfleischscheiben Senf, Meerrettich und grüne Sauce reichen.

Kalbfleisch mit Senf ↗

↑ Birnen mit Weißwein-Ingwer-Sauce

BIRNEN MIT WEISSWEIN-INGWER-SAUCE

4 x 250 ml | 3

- → 2 BIRNEN
- → 3 GLÄSER WEISSWEIN
- → 1 STÜCK FRISCHE INGWERWURZEL
- → 4 EL ZUCKER
- → 1 ZIMTSTANGE

Den Wein in einen Topf gießen, 1 Glas Wasser, Zucker, ein wenig frisch geriebene Ingwerwurzel und die Zimtstange hineingeben. Aufkochen und weitere 5 Minuten kochen lassen. In der Zwischenzeit die Birnen waschen und mit Schale in Scheiben und dann in Würfel schneiden. Die Birnenstücke in den Weinsirup geben und weitere 5 Minuten kochen lassen, dann auf die Gläser verteilen. In jedes Glas noch etwas frisch geriebenen Ingwer geben und gut verschließen. Die Gläser in die Spülmaschine stellen und im Intensiv-Programm garen. Nach Ende des Spülgangs können die Gläser in der Spülmaschine verbleiben, um das Dessert bis zum Verzehr warm zu halten, oder die Gläser können in den Kühlschrank gestellt werden, wenn das Dessert erst später serviert wird.

REGISTER

ALPHABETISCH

NACH JAHRESZEITEN

FRÜHLING

SOMMER

HERBST

WINTER

DAS GANZE JAHR

NACH ZUTATEN

EI

FISCH

FLEISCH & GEFLÜGEL

GEMÜSE

KRUSTENTIERE

MOLLUSKEN

OBST

NACH SPÜLMASCHINENPROGRAMM

EXPRESS-PROGRAMM

ECO-PROGRAMM

NORMAL-PROGRAMM

INTENSIV-PROGRAMM

LITERATUR & WEBSEITEN ZUM THEMA

BÜCHER UND STUDIEN

La cucina a impatto (quasi) zero, Gribaudo 2010

Campagna Mangiamoli giusti, Ratgeber zum Fischkonsum, Slowfish (Slowfood)

Quelli che non abboccano, Ratgeber Aquakulturen, Slowfish (Slowfood)

Diamoci un taglio, Ratgeber Fleischkonsum, Slowfish (Slowfood)

Campagna Tonno in trappola, Greenpeace

Livewell Diet, WWF 2011

Fish Dependence, Ocean2012, 2011

La doppia piramide, Barilla Center for Food and Nutrition, 2011

Pocket Good Fish Guide, MCS 2011

The state of world fisheries and aquaculture, FAO 2010

Challenging the aquaculture industry on sustainability, Greenpeace 2008

Guida ai consumi ittici, Greenpeace 2008

WEBSEITEN INTERNATIONAL

Ecocucina: www.ecocucina.org

Barilla Center for Food and Nutrition: www.barillacfn.com

Fishscale: www.fishscale.eu

Greenpeace: www.greenpeace.org

Legambiente: www.legambiente.it

Lifegate: www.lifegate.it

Marine Conservation Society: www.fishonline.org

Movimento per la decrescita felice: http://decrescitafelice.it

Slowfish: www.slowfish.it

Slowfood: www.slowfood.it

WWF: www.wwf.it

WEBSEITEN DEUTSCH

www.greenpeace.de

www.greenpeace-magazin.de

www.slowfisch-bremen.de

www.slowfood.de

www.wwf.de

Dieses Buch respektiert die von Slowfood erstellten Richtlinien zu Fleisch und Meeresprodukten.